Matt Galan Abend

Stehe über deinem Denken!

vianova
Verlag Via Nova

Matt Galan Abend

Stehe über deinem Denken!

5 wirksame Schritte zur
Beherrschung deiner Gedanken

vianova
Verlag Via Nova

1. Auflage 2013

Verlag Via Nova, Alte Landstr. 12, 36100 Petersberg

Telefon: (06 61) 6 29 73

Fax: (06 61) 96 79 560

E-Mail: info@verlag-vianova.de

Internet: www.verlag-vianova.de / www.transpersonale.de

Umschlaggestaltung: Guter Punkt, München

Druck und Verarbeitung: Appel und Klinger, 96277 Schneckenlohe

ISBN 978-3-86616-260-0

Inhalt

TEIL II: Zum Beobachter der eigenen Komödie werden

Wir sind
was wir denken.

Alles, was wir sind,
entsteht aus unseren Gedanken.
Mit unseren Gedanken
formen wir die Welt.

BUDDHA

1

Zufall oder Führung?

Ich weiß nicht, auf welchem Weg Sie zu dem Buch gekommen sind, das Sie nun zu lesen beginnen. Vielleicht hat es Ihnen jemand empfohlen, vielleicht hat es Ihnen jemand zum Lesen überlassen, vielleicht haben Sie es in einer Buchhandlung oder im Internet selbst entdeckt, vielleicht haben Sie auch schon andere Bücher von mir gelesen und waren nun neugierig auf diesen weiteren Titel.

Vielleicht hat dieser Titel Ihr Interesse geweckt, weil Ihre Gedanken und Ihr daraus resultierendes Handeln Ihnen erfahrungsgemäß sehr oft unnötige Probleme bereiten und Sie das Gefühl hatten, dagegen endlich etwas tun zu müssen? Vielleicht unter dem Motto: *„Man kann´s ja mal versuchen, vielleicht hilft´s ja wenigstens etwas"*...

Gleichgültig, welche Umstände Sie und das Buch zusammengeführt hat, das Buch hat etwas mit Ihnen zu tun und umgekehrt haben Sie etwas mit diesem Buch zu tun. Anderenfalls wäre es nicht in Ihren Händen.

Es gibt keinen Zufall
in dieser Schöpfung.

Es fällt uns nicht einfach etwas so zu. Wenn es in diesem Universum, das mit der Präzision eines Schweizer Uhrwerks ineinandergreift, so etwas wie Zufall gäbe, würde es wohl ganz gewaltig krachen, würde unsere schöne kleine Welt ganz gewaltig durcheinandergeraten, würde nichts mehr ineinandergreifen.

Wenn in einem hochkomplizierten Uhrwerk auch nur eine einzige kleine Schraube fehlt oder locker sitzt, tickt das ganze Werk nicht mehr ganz sauber. Eine einzige kleine Schraube gefährdet nicht nur die gewünschte Ganggenauigkeit, sie kann sogar die Funktion des Ganzen untergraben, und dann hilft nur noch der Gang zum Uhrmacher.

Warum wähle ich nun den Vergleich mit einem Uhrwerk? Das ist natürlich auch wieder kein Zufall und hat etwas mit mir und meiner Gedankenwelt zu tun. Sie kennen mit Sicherheit den Ausdruck, dass der oder diejenige nicht mehr richtig oder nicht mehr ganz sauber tickt. Solche Redensarten haben immer einen tieferen Hintergrund und damit sind wir dann zwangsläufig bei den tickenden Uhren, wobei moderne Quartz-Uhren schon lange nicht mehr ticken.

Als in früheren Zeiten mechanische Wanduhren als Prestigeobjekte galten und so gut wie in jedes Wohnzimmer gehörten, mussten diese genau senkrecht hängen, damit das Pendel zur einen wie zur anderen Seite den genau gleichen Ausschlag hatte. Hing die Uhr etwas schräg, ging nichts mehr. Der Ausschlag des Pendels zur einen Seite musste exakt dem Ausschlag des Pendels zur anderen Seite entsprechen oder die Uhr ging nicht mehr genau oder gar nicht. (Übrigens das hermetische Gesetz des Rhythmus)

Nun konnte man bei einem schwingenden Pendel den Ausschlag natürlich nicht so genau nachmessen, aber man konnte „nachhören" und dieses Hören war exakter als jede versuchte Messung. Man legte sein Ohr an den Kasten und beobachtete genau das Ticken der Uhr. War ein Ticken auf einer Seite lauter oder kürzer als auf der anderen Seite, so fasste man den Kasten ganz vorsichtig am unteren Ende und verschob ihn millimeterweise so lange nach links oder rechts, bis das Ticken des Pendels wieder absolut gleichmäßig klang. Daher der Ausdruck: „Jemand tickt wohl nicht mehr ganz sauber". Auch in solchen Fällen hilft dann nur das genaue Hinhören!

Mechanische Uhren und deren oft komplizierte Mechanismen üben auf mich seit jeher eine Faszination aus. Ich sammle solche Uhren nicht nur, sondern sitze oft stundenlang vor einem defekten Uhrwerk, zerlege es in seine Einzelteile, versuche den Fehler zu finden und die Uhr wieder ordnungsgemäß zusammenzubauen. Äußerliche Schrammen und Kratzer werden dabei von mir natürlich gleich mitpoliert.

Mit den Menschen, die zu mir kommen, ist es nicht viel anders. Auch da tickt manchmal etwas nicht ganz richtig, wie sie meist selber sagen, und trotzdem finden sie alleine nicht den richtigen Ansatz zur Reparatur, finden nicht die richtige Schraube, an der zu drehen wäre.

**Sie wissen zwar um den Fehler,
aber das Wissen um den Fehler
korrigiert nicht auch automatisch diesen Fehler.**

Es muss schon jemand völlig unvoreingenommen von außen in dieses Räderwerk hineinschauen, dann das richtige Werkzeug an der richtigen Stelle ansetzen, um den Ausweg aus dem Kreisverkehr zu finden, in dem ein Mensch sich dann meist befindet.

Nun ist eine solche Reparatur bei einem Uhrwerk noch relativ leicht. Ein Uhrwerk ist absolut logisch aufgebaut und jedes Rädchen hat seine genau festgelegte Funktion in der langen Übertragungskette vom Kraftzentrum (Feder) zum ablesbaren Ergebnis (Zeitanzeige).

Beim Menschen ist das etwas anders. Beim Menschen kommt eine Ebene dazu, die außerhalb jeder Logik steht und sogar stärker ist als die Kraftübertragung eines mechanischen Aufzugs.

Ein Uhrwerk hat keine Emotionen, ein Mensch jedoch ist oft gebeutelt von Emotionen, denen er durch kühle Logik nicht beikommen kann.

Spätestens hier greift mein Vergleich mit einem Uhrwerk leider nicht mehr. Stellen Sie sich vor, die Uhr, die wir am Handgelenk tragen, würde auf unser ganz persönliches emotionales Befinden reagieren. Unsere Uhren würden wohl alle eine recht unterschiedliche Zeit zeigen. Bei manchem wäre schon finstere Nacht, während bei anderen noch die Sonne scheint.

Nun habe ich gesagt, dass es keinen Zufall gibt. Es fällt uns nicht einfach etwas so zu, und das, was uns zufällt, muss eine Bedeutung für uns haben oder es würde uns nicht zufallen. Die Vorstellung von einem völlig unberechenbaren Schicksal, das uns mal so oder so gesonnen ist, kann ich nicht teilen. Ich habe mich mit dieser Thematik in meinem Buch „Leben im Urvertrauen" ausführlich beschäftigt.

Auch hierbei gilt das hermetische Prinzip: „Im Größten wie im Kleinsten, wie oben so unten, wie innen so außen". Alle Dinge sind gleich, aus dem einen einzig Gleichen entstanden.

Alles ist mit allem verbunden,
nichts geschieht isoliert,
alles hat seinen Sinn,
auch wenn wir diesen Sinn
nicht immer gleich erkennen.

Dazu ein recht simples Beispiel: Eine Dame erzählte mir, dass sie in einer Münchner Buchhandlung einen ganz bestimmten Buchtitel gesucht hat, den sie aber nicht sofort finden konnte. Dafür interessierte sie dann ein anderes Buch, das aber in der oberen Reihe eines Regals stand, die sie nur auf Zehenspitzen und mit Streckungen erreichen konnte, die ihr in jeder Gymnastikstunde alle Ehre gemacht hätten.

Also versuchte sie dieses Buch mit ihren Fingerspitzen mühsam und millimeterweise aus der obersten Reihe herauszuziehen. Als sie es beinahe geschafft hatte und das Buch schon eine gewisse Schräglage erreicht hatte, fiel ihr etwas auf den Kopf, worüber sie zunächst erschrak. Es war aber nicht etwa das Buch, das ihr auf den Kopf fiel, nein, es war ein kleiner Faltprospekt über Seminare und Einzelbetreuungen eines ihr bis dahin unbekannten Autors am oberbayerischen Chiemsee.

Also las sie zunächst diesen Prospekt, und dabei entwickelte sich bei ihr das sichere Gefühl, dass das Angebot wohl richtig für sie sein müsse, wenn es ihr schon so deutlich um die Ohren flog. Dieser ihr bis dahin unbekannte Autor war ich, und es entwickelte sich aus dieser etwas seltsamen und scheinbar bedeutungslosen Begebenheit eine überaus fruchtbare Zusammenarbeit. Wir hatten uns tatsächlich etwas zu sagen.

Die Wege, auf denen uns etwas erreicht, sind manchmal seltsam und doch auch wunderbar zugleich. Mit unserem begrenzten menschlichen Verstand sind sie kaum nachvollziehbar.

Wahrscheinlich hatte jemand diesen Prospekt dort oben abgelegt, als er ein bestimmtes Buch greifen wollte, und ihn dann nachher völlig vergessen. Für den, der ihn dort abgelegt hatte, war der Inhalt wohl ohne größere Bedeutung. Er war nur der Zwischenträger in einer Kette. Für die Dame, der er nun auf den Kopf flatterte, war er genau richtig.

Natürlich kann man so etwas als eine durch nichts bewiesene Spekulation oder allzu blühende Phantasie abtun – oder sogar für Spinnerei oder groben Unfug halten. In meine eigenen Lebenserfahrungen jedoch reiht sich diese Geschichte in eine lange Kette ähnlicher Begebenheiten ein, die alle in der gleichen Erkenntnis münden:

Es gibt keinen Zufall.

Wenn Sie, lieber Leser oder liebe Leserin, ähnliche Erfahrungen gemacht haben, wenn auch Ihnen etwas auf seltsamen Wegen serviert wurde, was sich dann nachher als genau richtig für Sie erwies, wäre ich Ihnen für eine kurze Schilderung per E-mail dankbar (Adresse am Ende des Buches). Ich denke daran, solch ungewöhnliche Steuerungen auf dem Weg eines Menschen einmal in einem besonderen Buch zu behandeln. Das müsste hochinteressant werden, wie ich denke. Aber gehen wir weiter:

Wenn es keinen Zufall gibt, dann ist auch niemand zufällig krank oder gesund, ist niemand zufällig glücklich oder unglücklich, reich oder arm, beliebt oder unbeliebt, erfolgreich oder weniger erfolgreich, noch denkt jemand zufällig so, wie er denkt. Durchaus logisch - oder?

Es gibt tatsächlich nur das unbestechliche Gesetz von Ursache und Wirkung, nach dem wir auch die Ursachen zu unseren Lebensumständen setzen. Natürlich gehört Mut dazu, dies anzuerkennen. Fallen damit doch alle bequemen Alibis des eigenen Nichtsdafürkönnens weg, sind wir dann plötzlich nicht mehr Opfer, sondern Verursacher. Erschreckend - oder?

Seien Sie ganz sicher - wir können etwas für unsere Lebensumstände, wir müssen die entsprechenden Ursachen dafür gesetzt haben, oder wir wären nicht in diesen Umständen verhaftet. Irrtum ausgeschlossen!

Die Eltern, die Schule, der Staat, die Firma, unsere Finanzen, der Partner, die Kinder, das gesamte soziale Umfeld, oder was immer wir als Ursache unserer Probleme sehen, sind leider nur bequeme Scheinalibis, die einer kritischen Betrachtung nicht standhalten. Mir kann man solche Scheinalibis nur sehr schwerlich verkaufen. Ich selbst habe mit meinem Leben bewiesen, dass es durchaus möglich ist, auch einen extremen Positionswechsel vorzunehmen und sogar das eigene Start-Umfeld völlig zu verlassen.

Natürlich haben Eltern, haben Schulen, hat das soziale Umfeld usw. einen großen Einfluss auf die Entwicklung eines Menschen.

Dies ist sicher unbestritten und das war auch bei mir nicht anders. Aber in dem Moment, wo wir erkennen, dass wir in eine Richtung geschickt wurden, die wir so nicht weiter gehen wollen, können wir doch ganz bewusst in eine andere Richtung gehen. Wir haben doch einen freien Willen.

Aber zugegebenermaßen ist das mit dem freien Willen nicht so ganz einfach. Unser freier Wille stößt schon sehr bald da an seine Grenzen, wo er sich gegen die tief verankerten Programmierungen unseres Unterbewusstseins stellt.

Wenn sich unser freier Wille und die Aufzeichnungen des Unterbewusstseins, die in unseren Gedanken wie die Software eines Computers wirken, entgegenstehen, siegt immer und ausnahmslos das Unterbewusstsein.

Wir mögen dann noch so sehr wollen
- wir können nicht.

Trotzdem kommt unserem Willen eine absolute Schlüsselposition zu. Wir können zum Beispiel willentlich beschließen, die Programmierungen unseres Unterbewusstseins zu ändern. Wir können die Gangart unserer Uhr ändern, wir können sie wieder richtig ticken lassen. Dies funktioniert dann allerdings nicht von heute auf morgen – es ist ein Weg, auf den wir uns mit einem solchen Beschluss machen. Solange wir aber den Willen dazu nicht haben, solange wir nicht willentlich damit beginnen, an unseren eingefahrenen Denk- und Verhaltensstrukturen zu arbeiten, so lange wird sich auch ganz selbstverständlich nichts ändern. Unser Wille ist so etwas wie der Zündschlüssel, mit dem wir den Motor anlassen, steuern und Gas geben müssen wir dann selbst.

Wir können an unseren im Unterbewusstsein gespeicherten Denk- und Verhaltensmustern willentlich arbeiten, wir können

sie auch willentlich in kleinen Schritten verändern, aber leider können wir sie nicht einfach willentlich von heut auf morgen außer Kraft setzen.

In letzter Konsequenz bedeutet eine Umwandlung ja eine Trennung von unserem bisherigen Denken und Verhalten, bedeutet, neue, unbekannte und für uns bisher im wahrsten Sinne des Wortes „undenkbare Wege" einzuschlagen, bedeutet, ganz anders zu ticken.

Dies aber löst in unserem Unterbewusstsein Alarmstufe eins aus, in der es unsere gewachsenen Denk- und Verhaltensstrukturen mit wirklich allen Mitteln, bis hin zu körperlichen Symptomen, verteidigt. Ohnmacht, Herzrasen, Angstgefühle und Schwindel, Kopfschmerzen, der sogenannte Hexenschuss usw. sind beliebte Trixereien unseres Unterbewusstseins, um uns zumindest zeitweilig aus dem Verkehr zu ziehen und damit unsere als gefährlich eingestuften Bemühungen ins Leere laufen zu lassen.

Unsere gewachsenen Denk- und Verhaltensmuster sind für unser Unterbewusstsein absolute Wahrheiten. Schließlich haben wir ja erfahren, dass . . . , schließlich wissen wir ja, dass . . . , schließlich kennen wir ja unseren Platz . . . usw.

Wir wissen ja sehr genau, dass wir dies oder jenes nicht können, dass wir ohnehin nie auf einen grünen Zweig kommen und schon von Anfang an keine rechte Chance hatten usw.

Wenn unser Unterbewusstsein mit seinen trickreichen Interventionen ein Verlassen unserer eingefahrenen Strukturen verhindern will, dann geschieht dies aus seiner Sicht natürlich ausschließlich für uns und nicht gegen uns. *Bitte keine unnötigen Experimente, Gefahr, Gefahr, Gefahr!* Vor diesen Gefahren will uns unser Unterbewusstsein bewahren.

Das kleine Problem dabei ist, dass uns unser Unterbewusstsein vor etwas schützen und bewahren will, vor dem wir willentlich gar nicht geschützt werden wollen. In diesem Fall ein ungebetener Schutzengel sozusagen!

Wir haben ja willentlich beschlossen, die eingefahrenen Wege zu verlassen, *wir* wollen ja endlich. . . Unser Denken, das zu unserem „So-Sein" führt, ist nur zu einem ganz geringen Teil auf unserem eigenen Mist gewachsen.

Wir wurden von frühester Kindheit an
in eine bestimmte Richtung
programmiert und konditioniert.

Und alle, die da an uns herumzogen und erzogen, die ihre auf dem gleichen Weg gewachsenen Überzeugungen und Denkmodelle an uns weitergaben, behaupteten immer wieder, nur unser Bestes im Sinn zu haben. Sie alle wussten, wie wir richtig zu ticken hatten.

Mein schon oft zitiertes Beispiel: Wenn wir als Baby vertauscht worden wären, wenn wir von der Geburtsklinik aus in eine ganz andere Familie gegeben worden wären, wären wir heute ganz anders. Wir würden ganz anders denken, hätten einen ganz anderen Wertemaßstab und hätten auch ein ganz anderes Bild von uns selbst und der Welt.

Was ist also dran an unserem „So-Sein"? Was ist davon wirklich ICH? Was ist davon wirklich auf unserem eigenen Mist gewachsen?

Nun ist es sehr schwierig, diese Frage einigermaßen objektiv zu beantworten. Im Kern ist sie gar nicht zu beantworten, denn wir würden diese Antwort ja mit unserer ankonditionierten und über

Jahre gewachsenen Software suchen, und unsere Software kann sich nun einmal nicht selbst in Frage stellen.

Aber es gibt wie in jedem Kino - so auch im Kino unserer Gedankenabläufe - einen Seitenausgang, und zu diesem Seitenausgang möchte ich Sie in diesem Buch ganz behutsam führen.

Ich möchte, dass Sie ganz normal ticken - gleichmäßig, ruhig, zuverlässig und präzise.

2

Habe ich meine Gedanken oder haben meine Gedanken mich?

Das abstrakte Denken ist eine Fähigkeit, die nach unseren bisherigen Erkenntnissen nur dem Menschen gegeben ist. Diese Fähigkeit ist damit etwas, was uns von allen anderen Mitlebewesen auf dieser Erde unterscheidet.

Meines Wissens ist bislang noch kein denkendes Tier entdeckt worden, obwohl auch Tiere zu dehr beeindruckenden Leistungen fähig sind. Aber diese Leistungen beruhen mehr auf vererbten Verhaltensweisen, eigenen praktischen Erfahrungen und sind somit keineswegs als Ergebnis abstrakter Denkvorgänge zu bewerten.

Tiere leben ausschließlich im Hier und Jetzt. Sie können sich z.B. keinen Plan für morgen und übermorgen zurechtlegen oder an gestern denken. Selbst wenn sie sich einen Futtervorrat für den Winter anlegen, geschieht dies auf Grund vererbter Instinkte und keinesfalls als Ergebnis vorsorglicher Überlegungen.

Ein im Zoo geborenes Tier, dessen Vorfahren es gewohnt waren, sich in der freien Wildbahn einen Wintervorrat anzulegen, wird das Verhalten seiner Art auch im Zoo beibehalten. Es ist keinesfalls zu der abstrakten Überlegung fähig, dass es das ja hier und jetzt nicht mehr braucht, weil es ja ohnehin jeden Tag reichlich versorgt wird.

Tiere kennen auch keine Sorgen, denn Sorgen sind immer das Ergebnis abstrakter Überlegungen. Sorgen sind so gut wie nie im Hier und Jetzt. Wir machen uns zwar jetzt Sorgen, aber diese Sorgen nehmen in der Regel etwas vorweg, was sein könnte, aber jetzt noch nicht ist.

Das Beispiel der unten abgebildeten Uhr zeigt: Wir leben jetzt um 7.54 Uhr, es ist ein Donnerstag, das Datum zeigt den 12. Tag des Monats, die Monatsanzeige zeigt auf Dezember, die Jahreszahl steht auf 2012, und die Tag- und Nachtanzeige im oberen kleinen Feld zeigt den Wechsel von der untergehenden Sonne (rechts) zum aufsteigendem Mond mit Sternen (links), was Sie in der Schwarz-Weiß-Abbildung nicht so genau erkennen können.

Eine exaktere Bestimmung des Hier und Jetzt können wir wohl kaum bekommen, aber was stört das schon unseren Gedankenapparat? Es hält ihn wohl kaum davon ab, sich auf Reisen zu begeben und ganz woanders zu sein als ausgerechnet in dem Moment, in dem wir jetzt leben.

Vielleicht macht unser Gedankenapparat sich darüber Sorgen, was heute Nachmittag um vier Uhr sein könnte, wenn wir diesen oder jenen Termin wahrzunehmen haben, und dann vor allem, was dann erst übermorgen sein wird, wenn . . .

Sich Sorgen zu machen bedingt die Fähigkeit des abstrakten Denkens und somit eine Fähigkeit, die ganz allein dem Menschen vorbehalten ist.

Wir machen uns gedanklich Sorgen um unsere Gesundheit, unsere Altersversorgung, um die Zukunft unserer Kinder, um unseren Partner/Partnerin, den Wert unseres Geldes, unseren Job und die allgemeine wirtschaftliche Zukunft. Wir machen uns Sorgen darüber ob wir wohl einen Parkplatz finden, sorgen uns um die nächste Heizkostenabrechnung, und wenn es uns trifft, auch um unseren Kanarienvogel. Er hat doch heute morgen gar nicht . . . was hat er denn . . . sollten wir nicht vorsichtshalber?

Mit der Fähigkeit, sich Sorgen zu machen, schafft es unser Denkapparat ganz mühelos, uns das Hier und Jetzt zu verderben. Es gibt im Moment zwar kein Problem, aber es könnte theoretisch demnächst eins entstehen, und in Gedanken über dieses demnächst vielleicht entstehende Problem geht es uns dann im Jetzt nicht gut.

In der schier unerschöpflichen
Fähigkeit des „Sich-Sorgen-Machens"
hat der Mensch eine absolute Alleinstellung.

Ich selbst habe auf diese konkurrenzlose Fähigkeit inzwischen dankend verzichtet. Wir müssen ja nicht alles nutzen, was uns möglich ist. Wir haben doch immerhin so etwas wie eine Wahlmöglichkeit.

Ich verlasse das Hier und Jetzt nur dann, wenn ich etwas Positives erwarte, wenn ich mich auf etwas freuen kann, durch das es mir im Hier und Jetzt noch besser geht, oder wenn ich für die Zukunft planen muss – Einkäufe, Terminkalender, Urlaubsplanung usw. Aber auch dies mache ich dann total im Hier und Jetzt, und wenn dies dann erledigt ist, gehe ich wieder in das aktuelle Hier und Jetzt (siehe Uhrzeit).

Probleme löse ich erst dann, wenn sie tatsächlich entstanden sind, und das genügt nach meiner Erfahrung vollkommen. Ich muss sie nicht auch noch vorwegnehmen. Sie kauen doch auch nicht auf einem Essen herum, das ihnen noch gar nicht serviert wurde. Warten Sie doch einfach ab, bis das Essen auf dem Tisch steht. Ob Sie es dann erst etwas abkühlen lassen, ob Sie einen Löffel brauchen, vielleicht auch eine Gabel genügt, ob Sie unter Umständen beides benötigen, wie ich dies bei Spaghetti praktiziere, ob Sie auch noch ein Messer brauchen . . . oder . . ., müssen Sie doch nicht schon vorher entscheiden.

Aber selbst diese Technik ist nicht ganz ungefährlich. Eine allzu positive Erwartung in zukünftiges Entstehen kann dann zur Enttäuschung werden, wenn sie so nicht eintritt.

Also unser Gutgehen im Hier und Jetzt darf nicht von einer positiven Erwartung abhängen. Es muss mir jetzt auch ohne diese Erwartung gutgehen. Wenn sie dann eintritt, geht es mir noch besser, und wenn sie nicht eintritt, geht es mir wieder ganz normal gut. Also bleiben Sie im Hier und Jetzt und sorgen Sie dafür, dass es Ihnen jetzt gutgeht.

Wenn es Ihnen im Jetzt gutgeht, werden Sie alles, was im Jetzt auf Sie zukommt, problemlos meistern können. Ganz ohne vorweggenommene Sorgen.

Jedes Lebewesen bekam am Anbeginn seiner Entwicklung eine Fähigkeit, oder nenne wir es auch Fertigkeit, die sein Überleben und das Überleben seiner Art sicherte. Hätte diese besondere Fähigkeit nicht bestanden, wäre es schutzlos gewesen und hätte sich gar nicht erst entwickeln können.

Einige können besonders scharf sehen, gut hören oder riechen, schnell laufen, tief tauchen, hoch fliegen, sich verfärben, tief eingraben, Gift absondern und dergleichen. Nun, die Fähigkeit Gift abzusondern, kann man durchaus auch bei einigen Menschen beobachten, aber ansonsten ist der Mensch in all seinen physischen Fähigkeiten nichts als mäßiger Durchschnitt.

Allein mit seinen physischen Fähigkeiten hätte der Mensch das Überleben seiner Art nicht sichern können. Er musste das nutzen, was ihn von allen anderen Lebewesen unterschied – sein Denkvermögen.

Er musste hellwach und total im Hier und Jetzt durch diese Schöpfung gehen, musste seinen Gedankenapparat ständig eingeschaltet lassen, musste überlegen und kombinieren, dann daraus seine Schlüsse ziehen und entsprechend handeln. Sein Denkvermögen entwickelte sich somit im Laufe der Evolution zu seiner speziellen, überlebenssichernden Fähigkeit.

Wäre der Mensch träumerisch und gedankenlos, ohne im Hier und Jetzt zu sein, ohne zu beobachten, ohne zu kombinieren und daraus Schlüsse für sein Handeln zu ziehen, durch diese Schöpfung gewandelt, wäre er gefressen worden und hätte wohl selbst kaum etwas zu fressen gehabt.

Nun wird heute niemand mehr gefressen und im Supermarkt ist so ziemlich alles vorhanden, was wir zum Überleben brauchen, und trotzdem gibt es Menschen, die sich auch heute noch in diesem Urstadium der Entwicklung fühlen.

Sie können ihre Gedanken keine Sekunde lang abschalten. Sie beobachten alles und jedes, entwickeln daraus die seltsamsten Gedankengebäude, leben in so etwas wie einer dauernden Habachtstellung und Grund-Unsicherheit, können keinen Moment loslassen und deuten meist auch die banalsten Dinge als gegen sie gerichtet. Ihre Gedanken sind immer auf Reisen, wie ich es nenne, Sie sind in der Vergangenheit wie in der Zukunft, kombinieren und kombinieren, sind aber so gut wie nie im Hier und Jetzt.

Nach neuesten Forschungen weiß man, dass der Mensch bis zu 60 000 Gedanken an einem einzigen Tag produzieren kann. Wenn wir uns einmal bewusstmachen, dass eine Stunde unserer Zeitrechnung 60 Minuten hat und wir diese Minutenzahl dann mit den 24 Stunden eines Tages multiplizieren, kommen wir auf 1.440 Minuten pro Tag. Wenn wir dann die Zahl der 60 000 möglichen Gedanken pro Tag durch diese Minutenzahl teilen, ergibt dies die Summe von 41,6 möglichen Gedanken oder auch Gedankensplittern in einer Minute. Dabei haben wir noch keinen Unterschied zwischen Tag- und Nachtstunden gemacht, obwohl wir wissen, dass der Gedankenapparat natürlich tagsüber weitaus aktiver ist als nachts.

Nun sind dies lediglich nüchterne Zahlenspiele, die nur wenig über einen individuellen Menschen aussagen. Es sind statistische Möglichkeiten. Bei einigen Zeitgenossen mag der Gedankenumsatz pro Minute beträchtlich unter diesen statistischen Möglichkeiten liegen, bei anderen wiederum kann er sogar darüber liegen, was sicher in Krisen- oder Gefahrensituationen der Fall ist.

In Krisenzeiten oder Gefahrensituationen kann dann die Gedankenmaschine so deutlich überfordert werden, dass sie heiß läuft und blockiert. Menschen stehen dann wie gelähmt und völlig handlungsunfähig da und wissen gar nichts mehr.

Gehen wir weiter: Wir haben gesagt, dass unser Denkvermögen eine der zahlreichen, menschlichen Fähigkeiten ist, eine sehr wichtige und zentrale Fähigkeit zwar, aber auch diese Fähigkeit sollten wir doch erst dann einsetzen, wenn wir sie tatsächlich brauchen. Wir haben zum Beispiel auch die elementare Fähigkeit, zu sprechen, aufrecht zu gehen usw.

Nun stellen Sie sich einmal vor, Sie würden unentwegt sprechen oder mit Ihren Beinen eine Gehbewegung vollziehen, gleichgültig, ob nun ein Gesprächspartner da ist oder nicht, gleichgültig, ob es etwas zu sagen gibt oder nicht, gleichgültig, ob Sie nun stehen, liegen oder sitzen.

Sie sitzen vielleicht in einem bequemen Sessel, sprechen unentwegt vor sich hin und bewegen dabei Ihre Beine, wie Sie es sonst beim Gehen tun, weil Sie diese Fähigkeiten nun einmal haben! Das würde doch irgendwie seltsam anmuten. Verzeihung, in diesem Fall haben Sie nicht die besagten Fähigkeiten, die Fähigkeiten haben Sie. Nicht Sie beherrschen diese Fähigkeiten, die Fähigkeiten beherrschen Sie.

Nun ist mein Beispiel mit dem Sprechen und Gehen sicher extrem und trotzdem ist es ein guter Vergleich für das, was die Fähigkeit des Denkens mit so manchem Menschen anstellt. Sie denken und denken und denken und es ist ihnen nicht einmal bewusst, was sie da gerade denken. Ihr Denken hat sich völlig verselbständigt und ist nicht mehr unter Kontrolle zu bringen.

Kein Wunder, wenn solch ein Apparat über kurz oder lang überfordert ist, Schmerzen produziert und ansonsten nichts als ein geregeltes Durcheinander schafft. Jetzt so, in zwei Minuten wieder anders . . . man könnte doch auch . . . und überhaupt weiß man ja auch gar nicht . . . vielleicht sollte man doch noch mal . . . usw.

Die Gedanken kreisen und kreisen und ein Kreis bedeutet nun mal nichts anderes als Kreisverkehr. Nach kurzer Zeit sind Sie wieder da, wo Sie gerade eben erst waren.

Setzen Sie endlich den Blinker und nehmen sich vor, die nächste Ausfahrt zu benutzen, kommen sofort die üblichen Zweifel . . . lieber doch erst die übernächste . . . oder wäre es vielleicht sicherer, noch einmal ganz herumzufahren . . . oder . . . ?

Sie können natürlich auch die ganze Nacht dort herumfahren und bei vielen Menschen ist dies auch tatsächlich so. Die Gedanken lassen sie auch in der Nacht nicht los und so fühlen sie sich am nächsten Morgen mehr gerädert als gestärkt, bevor dann der Kreisverkehr erneut beginnt.

Natürlich ist die vollkommene Beherrschung der Gedanken eine der schwierigsten Übungen für den Menschen überhaupt, und ich weiß nicht, ob Sie, lieber Leser oder Leserin, dies jemals erreichen werden. Aber zwischen vollkommener Beherrschung und Chaos liegt eine enorme Bandbreite.

Es wäre doch schon eine wesentliche Erleichterung, wenn wir zumindest dreißig bis vierzig Prozent unseres völlig unnötigen Gedankenumsatzes loswerden könnten.

Wenn es in dem blumenkohlartigen Gebilde in unserem Kopf, in dem sich unsere Gedanken so ungestört austoben, etwas ruhiger werden würde.

Sehen Sie, genau das kann ich Ihnen versprechen, wenn Sie das, was ich Ihnen in diesem Buch nahebringen möchte, auch konsequent üben und umsetzen. Ohne diese konsequente Arbeit aber wird sich nichts ändern.

> **Der Mensch bringt täglich**
> **sein Haar in Ordnung,**
> **warum nicht auch seine Gedanken?**
>
> Indische Weisheit

3

Woher kommen unsere Gedanken?

Diese Frage ist nicht so schnell und einfach zu beantworten, wie sie hier gestellt ist. Gedanken können recht unterschiedliche Auslöser haben. In jedem Fall aber brauchen sie immer einen solchen Auslöser.

Gedanken entstehen nicht einfach aus sich selbst heraus, auch wenn wir manchmal den Eindruck haben, dass sie ohne jeden sichtbaren oder fühlbaren Anlass einfach kommen und gehen.

Wenn dies aber der Fall wäre, würde damit erstmalig das geistige Gesetz von Ursache und Wirkung, nach dem es keine Wirkung ohne Ursache und keine Ursache ohne entsprechende Wirkung geben kann, außer Kraft gesetzt.

Diese geistige Gesetzmäßigkeit aber gilt immer und überall, wie oben - so unten, wie innen - so außen, wie im Größten - so im Kleinsten. So also auch für unsere Gedanken.

Manchmal ist sehr leicht zu erkennen, warum wir uns gedanklich mit diesem oder jenem Thema beschäftigen. Manchmal fragen wir uns selbst, was das denn nun soll, warum wir uns gedanklich mit solchem Unfug oder gar Hirngespinsten abplagen.

Wenn wir z. B. gerade ein Telefonat geführt haben, das sehr unangenehm für uns war, in dem wir uns mit jemandem gestritten haben, dann ist es durchaus nachvollziehbar, dass unsere Gedanken zunächst weiterhin um dieses Thema kreisen. Haben wir richtig reagiert oder hätten wir nicht besser doch . . . oder . . . ?

Wenn wir etwas gesehen, gehört oder gelesen haben, das uns berührt hat, wenn etwas Bestimmtes von uns erwartet wird, dem wir gerecht werden wollen, wenn wir z.B. vor einer Prüfung stehen oder dergleichen, dann ist es durchaus verständlich, dass sich diesbezügliche Gedanken in unserem Kopf drehen.

Ganz normal, denn dazu haben wir ja die Fähigkeit des Denkens. Wie wir bereits festgestellt haben, können wir als einzige Lebewesen Geschehnisse nachträglich gedanklich verarbeiten und zukünftige Situationen gedanklich vorbereiten.

Wenn uns aber Gedanken quälen, die mit unserer Wirklichkeit rein gar nichts zu tun haben, zu denen es auch keinerlei konkreten Anlass gibt und deren Inhalt trotzdem mit der Zeit immer wahrer für uns wird, und dieser Inhalt beginnt, die objektive Wirklichkeit zu überlagern, dann kann man dem schon einen gewissen Krankheitswert zumessen: Eifersucht, Verarmungsängste, Krankheitsängste, Isolationsängste usw. sind dafür treffende Beispiele.

Obwohl ein Mensch vollkommen gesund ist, entwickelt er Gedanken darüber, wie schlimm es einmal sein wird, wenn er durch Krankheit auf fremde Hilfe angewiesen wäre. Er kann sich seiner momentanen Gesundheit nicht richtig erfreuen, weil dieses negative Gedankengerüst drohend über ihm hängt. Es wird ja irgendwann nicht mehr so weitergehen. Ja, natürlich, rein gar nichts wird so weitergehen. Alles wird einmal vorüber sein. Auch wir werden einmal vorüber sein. Gewöhnen Sie sich ruhig an diesen Gedanken.

**In dem Moment,
wo wir geboren werden,
steht fest,
dass wir sterben werden.**

Erschrickt Sie das? Warum eigentlich? Nehmen Sie diese unausweichliche Tatsache doch einfach zum Anlass, dafür zu sorgen, dass es Ihnen in dem kleinen begrenzten Stückchen Zeit, das Sie auf dieser Erde zur Verfügung haben, gut geht. Sorgen Sie dafür, dass Sie Freude an diesem Leben haben, dass Sie teilhaben an der Fülle der Schöpfung, dass Sie ein Stück weiser und erfahrener werden, und lassen Sie sich dies nicht durch gedankliche Nonsens-Inszenierungen verderben.

**Ein unkontrolliertes Gehirn
ist schädlicher für die Gesundheit
als ein untrainierter Körper.**

(Sinngemäss nach George Bernhard Shaw)

Nun sind die Grenzen wie immer fließend und jede Mischform ist möglich. Gedanken können hin- und herschießen, können jetzt in der objektiven Wirklichkeit sein und dann daraus in der nächsten Sekunde irgendwelche Szenarien entwickeln, die mit der objektiven Wirklichkeit rein gar nichts mehr zu tun haben.

Es gibt wahre Weltmeister in dieser Disziplin. Egal, was in ihrem Kopf vorgeht, es endet immer nur in einer negativen Variante. Sie sehen etwas sehr Schönes und Erhabenes, und ihr Gedankenapparat arbeitet sofort aus, wie schlimm es sein wird, wenn es damit zu Ende geht, und zu Ende gehen wird es bestimmt, wie man ja leider immer schon erfahren muss.

Mit vorgreifenden negativen Gedanken, wird die Freude im Hier und Jetzt abgewürgt.

Ich erinnere mich da eines Ausspruchs meiner Mutter, wenn ich morgens einmal fröhlich war, wozu ich leider selten genug Anlass hatte: *„Vögel, die am Morgen früh singen, frisst am Abend die Katz“.*

Seltsamerweise gilt die Feststellung, dass nichts so bleibt, wie es ist, dann nicht, wenn sich Menschen in ihrem Leid suhlen. Leid ist für sie völlig normal. Das Leid bleibt, nur das Glück verschwindet leider. „Das Leben ist nun einmal leidvoll“. Hier wird Lebensfreude gegen Lebensleid eingetauscht. Solchen Menschen kann man dann auch so ziemlich alles nehmen, nur bitte ihr Leid nicht. Was hätten sie dann noch?

In gewisser Weise haben sie sogar Recht, wenn sie ihr durch solche Gedanken beherrschtes Leben betrachten. Leider erkennen sie aber nicht, dass sie mit ihren negativen Gedankenkonstruktionen selbst die Ursache setzen, deren Wirkung sie erhalten. Wie schade! Sie selbst füllen den entsprechenden Bestellschein aus und die Schöpfung liefert.

Sie ernten, was sie säen, aber sie erkennen den Zusammanhang nicht.

Irrtum auch hier ausdrücklich ausgeschlossen.

Aber wir haben ja in diesem Kapitel die Frage gestellt, woher denn nun unsere Gedanken kommen. Warum denkt ein Mensch so, wie er nun einmal denkt? Um darauf eine befriedigende Antwort geben zu können, muss ich etwas weiter ausholen, und auch dabei bietet sich wieder der Vergleich zu einem Uhrwerk an. Verzeihen Sie mir meinen kleinen Tick. Irgendwie muss ich meine Uhrenbegeisterung doch einmal unterbringen. Sehen Sie bitte großzügig darüber hinweg, wenn Sie es albern finden.

Irgendetwas im komplizierten Räderwerk einer Uhr verursacht Probleme. Irgendetwas bewirkt eine Gangabweichung oder sogar den totalen Stillstand, obwohl doch rein äußerlich betrachtet nichts an diesem Räderwerk fehlt. Alle Teile sind bei einer ersten Überprüfung vollständig vorhanden und ohne sichtbare Fehler. Auch bei den Zahnrädern ist kein Zacken ausgebrochen, keine Welle verbogen und trotzdem tickt diese Uhr nicht ganz richtig oder verweigert sogar vollständig den Dienst.

Mit den Zacken, die aus der Krone brechen, und den möglichen Verbiegungen liegen wir nicht nur rein sprachlich ganz dicht beim menschlichem Geschehen.

Wo liegt nun der Fehler?

Ohne die wahre Wurzel des Problems zu entdecken, ist jeder Versuch eines wiederholten Aufziehens einer Uhr oder eines rein äußerlichen Aufpolierens sinnlos.

Sooft Sie die Uhr auch aufziehen, sie wird immer wieder aus dem gleichen Grund stehen bleiben. Das Problem kann z.B. im Federhaus liegen oder in der sogenannten Unruhe, die über die Hemmung des Ankers die Schwingungsfrequenz reguliert. So eine Unruhe kann über dreißigtausend Schwingungen in der Stunde vollbringen. Das Herz eines Menschen schlägt normalerweise zwischen sechzig und siebzig Mal in der Minute, also ca. 3600-mal in den sechzig Minuten einer Stunde. Also auch hier durchaus vergleichbare Zahlen.

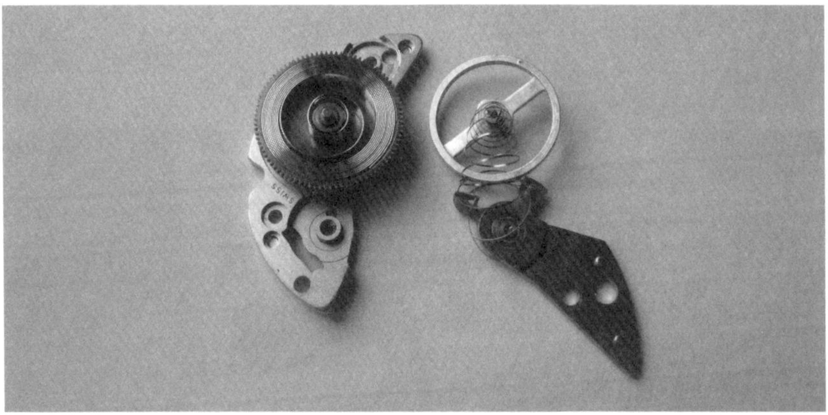

Nun könnte man das Federhaus (unten links) durchaus mit dem Kopf eines Menschen vergleichen. Von hier aus kommt der willentliche Antrieb, der dann über den Anker auf die pulsierende Unruhe (Herz/Psyche) übertragen wird.

Auch hier wird uns die Übertragung auf das Geschehen im Menschen nicht allzu schwerfallen. Ist der Mensch fest verankert, steht er auf einem starken Fundament, wird der Antrieb aus dem Kopf so weit abgebremst, dass er die Unruhe nicht über die vorgesehene Schwingungszahl hinausschießt. Alles greift planmäßig ineinander, nichts gerät außer Kontrolle.

Wenn Sie schon andere Bücher von mir gelesen haben, wissen Sie, dass die klare Trennung und Bewusstmachung der unterschiedlichen Ebenen eines Menschen eine der tragenden Säulen in meiner Arbeit ist. Wer oder was ist der Mensch? Seele oder Körper?

Wer hat wen?
Wer führt wen?
Hat der Mensch eine Seele,
oder hat die Seele einen Menschen?

Ich weiß, dass auch andere und weiter differenzierte Gliederungen möglich sind, die z.B. von Körper, Geist und Seele sprechen. Aber noch niemand hat mir bisher in befriedigender Weise einen klaren Unterschied zwischen Geist und Seele aufzeigen können. Meist wird dabei Psyche mit Seele verwechselt und Geist dem Verstand gleichgesetzt. Danach soll es ja sogar seelische Krankheiten geben und der menschliche „Geist“ (=Verstand) unbegrenzt sein. Beides ist gleichermaßen falsch.

Materie ist begrenzt –
Geist ist unbegrenzt!

Es gibt keinen menschlichen Geist! Dies würde dann ja etwas Begrenzt-Unbegrenztes sein. Nicht nur ein sprachlicher Nonsens.

Die Materie unseres Körpers ist begrenzt, wie wir gerade festgestellt haben. Darüber kann man wohl kaum diskutieren. Die körperliche Materie existiert lediglich in dem kurzen Zeitraum zwischen Zeugung, Verwesung, Verbrennung oder Versenkung, wenn

Sie z.B. eine Seebestattung ausgewählt haben und Ihre Hinterbliebenen dies auch bezahlen können. Im Angesicht der Unendlichkeit des Universums ist unsere körperliche Existenz kaum wahrnehmbar. Mögen wir uns im Moment auch noch so wichtig vorkommen.

Das geistige Element jedoch, das Element, das diesen Körper lebendig macht, das diesen Körper bewohnt, um darin eine bestimmte Erfahrung zu machen, ist unbegrenzt. Es existierte bereits vor diesem Körper und es existiert auch nach diesem begrenzten Körper weiter. Wenn Sie tiefer in dieses Wissen einsteigen möchten, empfehle ich Ihnen die entsprechende Literatur von Frau Dr. med. Elizabeth Kübler-Ross.

Dieses unbegrenzte geistige Element, das gemeinhin als Seele bezeichnet wird (ein relativ verwaschener und überstrapazierter Ausdruck, den ich deshalb nicht besonders schätze), kann weder krank sein, noch kann es von einem begrenzten menschlichen Körper besessen werden. Der begrenzte Körper kann nicht die unbegrenzte Seele besitzen, es kann nur umgekehrt sein.

Es kann somit auch keinen „menschlichen Geist" geben, was wir bereits festgestellt haben. Wenn dieser sogenannte menschliche Geist fälschlicherweise mit dem Verstand gleichgesetzt wird, dann würde dieser Geist mit dem Ende der Durchblutung des Hirns enden und wie alle andere körperliche Materie verwesen. Geist aber ist unmateriell und unbegrenzt.

Also bleiben wir der Einfachheit halber bei der Zweiteilung des Menschen zwischen unbegrenztem Geist und begrenzter körperlicher Materie. Diese Zweiteilung macht das menschliche Leben schon kompliziert genug, denn aus sich heraus sind diese beiden Ebenen unvereinbar. Begrenzt und unbegrenzt finden nicht zueinander. Die eine Seite will, die andere Seite bremst, und dann will plötzlich die Seite, die vorher gebremst hat, und die andere Seite will dafür nicht. Allein die menschliche Konstruktion aus diesen beiden unvereinbaren Ebenen birgt eine gewisse Zerrissenheit und einen dauernden Konfliktstoff in uns.

Wenn Sie es gerne etwas komplizierter hätten und Ihnen das, was ich hier anbiete, zu einfach erscheint, dann können Sie die beiden Ebenen immer wieder und immer weiter zerlegen, bis dann auch der letzte Rest der Klarheit beseitigt ist. Ihr Verstand wird dann vielleicht befriedigt sein, aber ich fürchte, dass er zu keinem wirklichen Ende kommt.

Aber was gehört nun zu welcher Ebene und wie äußern sich die beiden unterschiedlichen Ebenen?

Fangen wir mit dem so viel gelobten Verstand des Menschen und seiner Fähigkeit des Denkens an. Das menschliche Hirn, jenes blumenkohlartige Gebilde in unserem Kopf, in dem sich der Vorgang des Denkens abspielt, wächst ebenso wie der übrige Körper nur langsam heran. Selbst wenn wir nach ca. neun Monaten geboren werden, können wir noch nicht von einem denkfähigen Menschen sprechen. Um denken zu können und dann daraus sogar Schlüsse für das eigene Handeln ziehen zu können, braucht der menschliche Verstand so etwas wie eine Software.

Diese Software entsteht mit der Zeit aus seinen individuellen Erfahrungen, die fein säuberlich im großen Archiv des Unterbewusstseins gespeichert werden. Rein technische Erfahrungen und mental gefühlte Erfahrungen werden dabei unterschiedlichen Ablageplätzen zugeordnet.

Für die Speicherung unserer mentalen Erfahrungen wird von der modernen Hirnforschung, die im übrigen noch in den Kinderschuhen steckt, das Limbische System (Region der Hirnanhangdrüse) als zuständig erklärt. Unser sogenanntes „mentales Gedächtnis".

Nun haben wir von begrenzt und unbegrenzt gesprochen, eine klassische Polarität ebenso wie hell und dunkel, laut und leise, schnell oder langsam, hoch oder tief.

Unsere gesamte irdische Schöpfung
ist im Prinzip der Polarität angelegt.

Dieses Prinzip ist auch in der Konstruktion des Menschen voll wirksam - begrenzt und unbegrenzt. Alles hat zwei Pole, wie auch das kleinste Atom zwei Pole hat, die sich gegenseitig bedingen.

Arbeitet nun unser Verstand, sucht er seine Position immer zwischen zwei sich ihm - in der Sache, die er zu bearbeiten hat - anbietenden Polen. Diese Pole entstehen aus den ganz persönlich aufgezeichneten Erfahrungen eines Menschen.

Führte eine frühere Verhaltensweise zu einem als positiv empfundenen Ergebnis, wird dieses Verhalten als richtig abgespeichert und in ähnlichen Fällen wiederholt.

Führte es zu einem als negativ empfundenen Ergebnis, wird diese Verhaltensweise gemieden oder sogar blockiert.

Die Polarität richtig und falsch zur Erreichung eines bestimmten Ziels ist entstanden, und logischer Weise werden dann im Verlauf eines menschlichen Lebens unzählige weitere Felder mit den entsprechenden Polaritäten versehen. Menschen, die z.B. Angst vor Nähe haben, müssen eine entsprechend negative Erfahrung mit Nähe gemacht haben, oder sie hätten diese Angst nicht. Vielleicht wurden sie bereits als Kind zurückgewiesen und haben erfahren, dass es besser ist, Abstand zu halten und vorsichtig zu sein.

Mit dieser Verhaltensmechanik unterscheiden wir uns aber noch nicht wesentlich von den Fähigkeiten eines Affen. Auch der lernt, dass z. B. das Berühren einer gelben Taste zu wohlschmeckendem Futter führt, das Berühren der roten Taste hingegen einen leichten, aber doch unangenehmen Stromschlag auslöst. Also meidet er die rote Taste und drückt ausschließlich die gelbe Taste, ohne natürlich zu wissen, was Strom ist. Egal, es genügt ihm die einfache Erfahrung. Er kann sogar von anderen Affen allein vom Zusehen lernen, die gelbe Taste zu berühren und die rote zu meiden.

Denken würde da beginnen, wo der Affe sich Gedanken darüber macht, was wohl mit der roten Taste sein könnte, wie er vielleicht den Strom ableiten könnte, ob dann nicht auch da wohlschmeckendes Futter zur Belohnung winken könnte. Wenn er dann seine diesbezüglichen Untersuchungen wohlüberlegt in die unbeobachteten Nachtstunden legen und sich schon vorher das entsprechende Werkzeug besorgen würde, könnte man von so etwas wie Denken sprechen. Schade, dies kann der Affe nun mal leider nicht.

Wenn unser Verstand seine Position immer zwischen zwei sich ihm aus seiner Erfahrung erwachsenen Polen sucht, dann ist daraus erklärbar, dass wir allein mit der Arbeit unseres Verstandes im Wesentlichen immer auf derselben Stelle treten.

Unser Verstand kann seine einmal in der Polarität gefundenen Wahrheiten ebenso wenig selbst in Frage stellen, wie ein Computer die Software, mit der er arbeitet, selbst in Frage stellen kann.

Was einmal als richtig und zielführend gespeichert ist, wird immer und immer wiederholt, und mit jeder Wiederholung wird die daraus erwachsene Wahrheit weiter und weiter zementiert, bis mit der Zeit auch die größte Dummheit zur Wahrheit herangewachsen ist.

So ist zu erklären, dass auch ganze Völker programmiert und fanatisiert werden können. Man muss nur immer und immer wieder dasselbe eintrichtern, bis nichts anderes mehr durch diesen Trichter geht. Alles in der Schöpfung kann gebraucht und auch missbraucht werden.

Albert Einstein sagte sinngemäß, dass er seine Erkenntnisse über das All nicht durch logisches Nachdenken hat. Das, was ihm da plötzlich klar wurde, das, was da plötzlich offen vor ihm lag, konnte sein begrenzter und mit den Aufzeichnungen der Vergangenheit arbeitender Verstand nicht erdenken. Hier ist zweifellos die unbegrenzte geistige Ebene des Menschen als ursächlich zu sehen.

Die Begrenzungen seines Verstandes wurden aufgehoben, es fiel ihm wie Schuppen von den Augen und er stand staunend vor dem, was ihm nun klar wurde. Es dann nachher wieder in die Ausdrucksmöglichkeiten des engen begrenzten menschlichen Verstandes zurückzuführen, um es auch anderen Menschen erklären zu können, war wohl die größte Schwierigkeit.

4

Der erste Schritt zur Beherrschung Ihrer Gedanken

Der Kassensturz!

Stellen Sie sich vor, Sie stehen vor einer normalen Registrierkasse, wie sie in jedem Supermarkt verwendet wird. Sie sind der Chef, drücken auf einen bestimmten Knopf und das Schubfach dieser Kasse mit seinen gesamten Inhalten an Scheinen und Münzen springt auf.

Sie können nun den gesamten Inhalt überblicken, dadurch auch kontrollieren und, wenn nötig, auch bestimmte Änderungen vornehmen. Sie können fast leere Fächer auffüllen oder umgekehrt überfüllte Fächer wieder zum normalen Stand zurückbringen. Entspricht der Zustand der Kasse dann Ihren Vorstellungen, drücken Sie das Schubfach einfach wieder zu und arbeiten weiter.

Habe ich die Gedanken oder haben die Gedanken mich? Wir haben diese Grundsatzfrage schon einmal gestellt. Damit ich auch nur annähernd in die Position komme, die Gedanken zu haben, statt umgekehrt, sollte ich z.B. bewusst feststellen können, was jetzt in diesem Augenblick in meinem Kopf so vor sich geht und was z.B auch in den letzten dreißig Sekunden darin vorging.

Machen Sie auch mit Ihrem Gedankenapparat so etwas wie einen Kassensturz.

Versuchen Sie bitte Ihren Gedankenumsatz jetzt und auf der Stelle einmal exakt festzustellen. Machen Sie einen GEDANKEN-STOPP, lassen Sie das Schubfach aufspringen und verschaffen Sie sich einen Überblick. Auch Gedankensplitter, kurze Einblendungen, Bilder und Denkangebote, denen Sie nicht gefolgt sind, sind wichtig.

Versuchen Sie dies bitte einmal jetzt und auf der Stelle - lesen Sie nicht weiter. Legen Sie das Buch einen Augenblick zur Seite, machen Sie Kassensturz und kontrollieren Sie Ihren Gedankenumsatz . . .

Wenn Sie das für zehn bis fünfzehn Sekunden geschafft haben, ohne sofort wieder abzudriften, gratuliere ich Ihnen. Dies war ein guter Anfang. Zehn Sekunden sind eine lange Zeit, wenn Sie einmal auf den Sekundenzeiger einer Uhr schauen. Sie werden bei Ihrem Versuch festgestellt haben, dass das Beobachten Ihrer Gedanken keinesfalls so leicht ist, wie es gesagt ist, denn Sie müssen dabei etwas vollziehen, was Sie normalerweise so nicht tun:

Sie müssen eine Trennung zwischen dem, was denkt, und dem, was dieses Denken beobachtet, vornehmen. Sie sind Denkender und Beobachtender zugleich.

Aber wie kann ich etwas zugleich sein und was ist dann dabei das, was da denkt, und was ist das, was dann beobachtet? Ich bin doch immer ich, ich bin doch nicht zwei.

Ja, vollkommen richtig, natürlich sind Sie immer „ich", aber dieses ICH besteht ja aus zwei elementar unterschiedlichen Ebenen, wie wir bereits festgestellt haben. Ihr behördlich erfasstes Ich besteht zunächst einmal aus Ihrer rein materiellen körperlichen Ebene - *das Anschaubare* - und im Gegensatz dazu aus Ihrer unbegrenzten geistigen Ebene - *das Unsichtbare.*

Im vorhergehenden Kapitel haben wir bereits festgestellt, dass unsere Gedankentätigkeit von jeder dieser beiden Ebenen ausgelöst werden kann, und wir haben auch festgestellt, dass Gedanken immer einen solchen Auslöser brauchen und nicht aus sich selbst heraus entstehen. Gedanken sind immer eine Reflektion auf etwas, einem tatsächlichen Geschehen oder auch nur einem Gefühl.

Durch die unterschiedliche Ausrichtung unserer beiden Ebenen ist es durchaus möglich, dass wir gleichzeitig Denkender und Beobachtender sind. Eine der beiden Ebenen löst einen Gedankengang aus und gleichzeitig können wir diesen Gedankengang beobachten.

Dieser Mechanismus kann blitzschnell hin- und herschalten. Von der begrenzten materiellen Ebene werden z.B. Gefühle wie Wut, Verzweiflung, Angst und dergleichen ausgelöst und von der unbegrenzten geistigen Ebene aus können Sie auf diese Gefühle wie von außen draufschauen. Was läuft da jetzt ab, was geht da jetzt vor?

In begrenztem Maße kann es natürlich auch umgekehrt sein. Von der unbegrenzten geistigen Ebene geht ein tiefes Wohlgefühl aus - wenn Sie z.B. von einem Berggipfel aus die aufgehende Sonne beobachten, dabei völlig loslassen und in die Urkraft dieser Schöpfung eintauchen - und dann auch die begrenzte körperliche Ebene in dieses Gefühl eintaucht.

Für einen kurzen Moment sind wir sozusagen vollkommen eins. Leider dauert der Zustand des inneren Friedens und Einsseins der beiden Ebenen dann meist nicht so lange, wie wir es gerne hätten. Dass Sie dabei recht unbequem gesessen und Ihr Allerwertester dabei wahrscheinlich sogar einen blauen Flecken produziert hat, wird Ihnen erst dann bewusst, wenn sich die Situation wieder auflöst. Einen Moment lang waren Sie sozusagen auf Wolke sieben.

Wenn wir unsere Gedanken beobachten wollen, müssen wir zunächst einmal so etwas wie eine Hausordnung zwischen diesen beiden Ebenen etablieren.

Wir müssen festlegen, welche Ebene die Führungsebene ist.

Wir müssen festlegen, mit welcher Ebene wir vorwiegend unser ICH verbinden.

Wir müssen festlegen, welche Ebene von welcher Ebene beobachtet wird.

Klingt zunächst komplizierter, als es ist. Die Entscheidung dürfte uns aber nicht allzu schwerfallen, wenn wir bedenken, dass unsere körperliche Ebene begrenzt und unsere geistige Ebene unbegrenzt ist. Es kann also nur so sein, dass das unbegrenzt Geistige das begrenzt Körperliche beobachtet. Umgekehrt kann es wohl kaum möglich sein. Der Körper beobachtet den Geist? Wohl kaum möglich!

Die unbegrenzte Ebene ist für unseren begrenzten Verstand nicht einsehbar, sie ist für ihn nicht verstehbar oder wir müssten z.B. auch Gott verstehen können, was bisher wohl noch niemand – trotz gegenteiliger Behauptungen – so recht geschafft hat.

Die unbegrenzte Ebene hingegen kann aber sehr wohl unseren kleinen, begrenzten Verstand verstehen. Gott versteht uns ja auch, obwohl wir ihn manchmal so gar nicht verstehen. Warum lässt er z.B. dies oder jenes zu? Wenn es tatsächlich einen „lieben Gott" gäbe, dann müsste er doch . . ., und zwar spätestens jetzt . . .

Unser kleiner begrenzter Verstand arbeitet ausschließlich mit den Aufzeichnungen der Vergangenheit. Er ist auf unser begrenztes körperliches Sein zwischen Zeugung und Tod beschränkt. Mit dem Ende der Durchblutung unseres Hirns erlischt unwiderruflich alles, was wir unserem Verstand so mühsam eingepaukt haben.

Seine in dieser kurzen Zeitspanne gesammelten Aufzeichnungen wirken für ihn wie die Software eines Computers. Was in dieser Software nicht vorhanden ist, kann der Computer nicht ausführen. Entschuldigung, wenn ich das immer wieder sage, aber es ist enorm wichtig, dass Sie dies verinnerlichen. So gibt es viele Dinge, die für unseren begrenzten Verstand im wahrsten Sinne des Wortes schlicht und ergreifend „un"-denkbar sind.

Ich habe das nachfolgende Beispiel schon einmal in einem anderen Buch gebraucht, aber es ist so treffend, dass ich es hier noch einmal benutzen möchte: Wir können einem afrikanischen Buschmann, der sein Leben lang mit einem Lendenschurz bekleidet durch die Natur zog, um Nahrung und Wasser zu finden, nicht erklären, dass das Wasser, das er da täglich trinkt und das so mühelos und weich durch seine Finger rinnt, so hart werden kann wie ein Stein. Er würde uns schlichtweg für verrückt halten. Wasser, weiches, fließendes Wasser so hart wie ein Stein - unmöglich. Das gibt seine gewachsene Software nicht her.

Das heißt, für unsere begrenzte Ebene sind die erlebten und gespeicherten Wahrheiten immer „absolute" Wahrheiten, die sich nicht selbst in Frage stellen können.

Wenn uns z.B. als Kind ständig beigebracht wurde, dass wir total unmusikalisch sind und besser den Mund halten, wenn andere singen, dann wird dies mit der Zeit zu einer absoluten Wahrheit für uns. Wenn wir dann trotzdem einmal den Mund aufmachen und zu singen versuchen, entsteht daraus wahrscheinlich nur ein erbarmungswürdiges Gekrächze.

Die einmal etablierte Wahrheit blockiert uns total und bestätigt sich somit immer wieder aufs Neue. Die sich selbst bewahrheitende Prophezeihung - der berühmte Kreisverkehr! Ich möchte zunächst einmal, dass Sie sich dieser Mechanismen bewusst werden, wenn Sie versuchen, Ihre Gedanken zu beobachten. Sie blättern wie in einem Album.

Beobachten Sie zunächst einmal,
ohne etwas zu bewerten
oder gleich ändern zu wollen.
Schauen Sie einfach nur zu.

Sie, das unbegrenzte geistige ICH BIN, schauen dem Treiben Ihres begrenzten Verstandes zu. Schon dies allein ist eine sehr wirkungsvolle Übung. Wird doch dabei das, was sich vermutlich bisher unkontrolliert austoben konnte, plötzlich beobachtet.

Um dann aber an dem, was Sie da in Ihrem Oberstübchen beobachten, etwas ändern zu können, brauchen Sie das passende Werkzeug, was ich Ihnen im weiteren Verlauf des Buches nahebringen werde.

Schauen Sie also bei diesem ersten Schritt einfach nur zu und werden Sie sich der Ebene bewusst, die da zuschaut. Nehmen Sie das, was Sie da beobachten, keinesfalls ernst. Von all dem wird rein gar nichts übrig bleiben. Sie sitzen wie in einem Kino und schauen sich den Film, der da abläuft, einmal ganz bewusst an. Bleiben Sie auf Distanz, lassen Sie sich nicht vereinnahmen, lassen Sie sich nicht hineinziehen.

Sie sind das unbegrenzte
geistige Wesen,
das diesen Körper lebendig macht.
Sie sind der Hausherr.

Sie wollen wissen, was in Ihrem Haus vorgeht. Zumindest sollte es so sein. Selbst wenn Sie bisher noch nicht der Hausherr waren, dann stellen Sie zumindest in diesem Moment mit dem Bewusstmachen Ihrer Gedanken einen ersten Herrschaftsanspruch in diese Richtung: Ich will wissen, was da in meinem Oberstübchen vor sich geht.

Wenn Sie dies eine Weile trainieren, vielleicht für den Zeitraum von zwei bis drei Wochen, werden Sie feststellen, dass sich die Zeitspanne, in der Sie Ihre Gedanken rückwärts lückenlos überblicken können, immer weiter ausweitet.

Waren es am Anfang nur die zehn Sekunden, die mir schon ein Kompliment wert waren, dann sind es nach drei Wochen schon zwanzig bis dreißig Sekunden, die Sie Ihre Gedankentätigkeit mühelos rückwärts überblicken können. Dabei kommt Ihnen ein Phänomen entgegen:

Durch das konsequente Beobachten der Gedanken verringert sich unser Gedankenumsatz.

Wenn Sie am Anfang Ihres Trainings in zehn Sekunden fünf bis sechs Gedanken, Gedankensplitter und Denkangebote feststellen konnten, dann werden Sie die gleiche Anzahl jetzt in zwanzig Sekunden feststellen. Das heißt, der Gedankenumsatz verringert sich schon alleine durch Ihre Beobachtungstätigkeit. Es wird etwas ruhiger in Ihrem Oberstübchen und das lohnt sich doch allemal – oder? Sie haben Ihren ersten Herrschaftsanspruch wirkungsvoll angemeldet.

Erst wenn es dann durch diese Übung etwas ruhiger geworden ist, können Sie sich weitere Disziplinierungsmaßnahmen vornehmen. Versuchen Sie also keine Stufen zu überspringen. Wer einen weiten Weg vor sich hat, läuft nicht, und der Weg zur Beherrschung unserer Gedanken ist nun einmal kein Hundertmeterlauf.

Nun gibt es Menschen, bei denen keinerlei Sperre zwischen dem, was sie denken, und dem, was sie aussprechen, existiert. Sie sind nicht in der Lage, erst nachzudenken und dann wohlüberlegt das auszusprechen, was sie aussprechen wollen oder vielleicht auch nicht aussprechen wollen. Es platzt einfach aus ihnen heraus, wie man das so treffend nennt.

Nun, bei Kindern ist dies in einem gewissen Lebensalter normal – man bezeichnet das dann als emotionale Offenheit – , aber Erwachsene, die auf dieser frühkindlichen Stufe stehen geblieben sind, sind irgendwie unerträglich oder man gesteht ihnen so etwas wie Narrenfreiheit zu.

Wir, der Hausherr in diesem Körper, wir, die unbegrenzte geistige Ebene, sollten also nicht nur beobachten, was wir denken, wir sollten auch sorgsam abwägen, was wir von unserem Gedachten aussprechen.

Haben wir wirklich etwas zu sagen, sollten wir es auch deutlich sagen. Haben wir aber eigentlich nichts zu sagen, sollten wir ebenso deutlich nichts sagen. Zu beidem gehört Mut, zu beidem gehört ein „Zu-sich-selbst-Stehen".

Wir sollten andere nicht ungebremst an unserem Gedankenwirrwar teilnehmen lassen, und andererseits sollten wir nicht auf den Gedankenwirrwarr anderer eingehen.

Einfach nur reden, weil man ja etwas reden muss (ich höre immer wieder die Ansicht: „Man muss sich doch unterhalten"), ist mir persönlich ein Gräuel. Es ist oberflächliches Geschwätz um des Schwätzens willen. Menschen reden vielleicht eine volle Stunde aufeinander ein, ohne wirklich etwas gesagt zu haben und ohne dass sie sich jemals wirklich etwas zu sagen gehabt hätten. Man muss doch, man kann doch nicht . . .

In unserer Gesellschaft wird das wohl als angeregte Konversation bezeichnet. Nun ja . . . wer´s mag. Unseren unaufhörlich plappernden begrenzten Verstand hat es wahrscheinlich sogar befriedigt. Aber in den Griff bekommen wir ihn auf diesem Weg wohl kaum.

Verzeihung, ich weiß, solche Darlegungen sind wieder einmal gar nicht nett von mir, und verzeihen Sie mir bitte auch, wenn ich nun wieder einmal bei meinen geliebten Uhrenvergleich lande.

Wenn ein Uhrwerk nicht sauber tickt, wenn die Uhr vorgeht oder nachgeht, sogar ganz stehen bleibt oder was auch immer, dann bleibt nichts anderes übrig, als die ineinandergreifenden Mechanismen einmal ganz genau zu überprüfen, und dies heißt nichts anderes, als dass Sie die Uhr öffnen und das Innenleben betrachten müssen.

Zum besseren Verständnis habe ich Ihnen einmal das Werk einer einfachen Handaufzugs-Armbanduhr zerlegt. Was hier arbeitet und ineinandergreift, ist ja noch einigermaßen überschaubar. Es handelt sich, wie gesagt, um ein recht einfaches Werk ohne Zusatzfunktionen.

Wenn nun noch eine Datumsanzeige, vielleicht auch noch Monats- und Wochentagsanzeige, evtl. auch noch die Mondphaseanzeige hinzukämen, wenn es sich dabei sogar um einen Chronometer mit Stoppfunktionen handeln würde, dann würde sich die Zahl der Einzelteile um ein Vielfaches erhöhen, und es würde immer schwieriger, das Ganze zu durchschauen und in den Griff zu bekommen.

Beim Menschen ist das im Prinzip nicht viel anders, nur dass das komplizierte menschliche Gehirn mit seinen Milliarden Verbindungsmöglichkeiten ungleich schwieriger zu durchschauen ist als ein noch so kompliziertes Uhrwerk.

Beim Menschen ist nicht nur der rein physische Ablauf des Denkens schon kompliziert genug, es kommt etwas hinzu, was in den internen Abläufen fast „un"-durchschaubar ist: „die emotionale Ebene". Beide Ebenen beeinflussen sich dann wechselseitig, und so stehen wir nicht selten fassungslos davor, wenn ein Mensch Dinge tut oder auch nur denkt, die jedem „gesunden Menschenverstand" (was auch immer das sein soll) widersprechen.

Dass die emotionalen Abläufe bei Mann und Frau dann auch noch völlig unterschiedlich sind, macht unsere Betrachtung noch komplizierter. Aber dies ist kein Grund aufzugeben.

Wenn wir etwas beherrschen wollen,
müssen wir es durchschauen,
oder es beherrscht uns.

Gott sei Dank gibt es keine männlichen und weiblichen Uhrwerke.

5

Der zweite Schritt zur Beherrschung Ihrer Gedanken

Die Gedanken auf einen Punkt fixieren

Dies ist eine relativ leichte Übung, so scheint es jedenfalls auf den ersten Blick. In Wahrheit aber gibt es auf dem Weg zur Beherrschung unserer Gedanken keine leichten Übungen. Was wir uns da zum Ziel gesetzt haben, ist wohl eine der schwierigsten Aufgaben, die sich ein Mensch stellen kann. Manche sitzen zur Erreichung eines solchen Ziels ein Leben lang in einem Kloster und schaffen es doch nicht.

Aber wir streben ja keine Vollkommenheit an und ich will Sie auch nicht ins Kloster schicken. Sie wollen ja nicht zu einem Buddha aufsteigen, oder vielleicht doch? Ich möchte mit diesem Buch lediglich erreichen, dass Sie zumindest da, wo Sie sich mit Ihren Gedanken selbst im Wege stehen, die Oberhoheit gewinnen, dass Sie Herr und Meister des Geschehens werden.

Sie lernen, positive Gedanken bewusst zuzulassen und auf der anderen Seite negative Gedanken bewusst zu eliminieren.

Dies wäre ein ganz entscheidender Schritt zur Meisterschaft des Lebens. Dies wäre ein entscheidender Schritt in die Fülle und in die Freude der Schöpfung. Es wäre ein entscheidender Schritt in die Selbstbestimmung.

Selbstbestimmung zeigt sich nicht darin, dass Sie entscheiden, was Sie anziehen, dass Sie entscheiden, wo Sie hingehen, dass Sie entscheiden, welches Auto Sie fahren usw. Sie haben zwar das Gefühl, zu entscheiden, aber in Wahrheit sind es Ihre Gedanken, die entscheiden, und diese Gedanken wurden von Kind an konditioniert, indem Sie lernten, was „man“ anzieht, wo „man“ hingeht, was „man“ tut oder nicht tut usw.

Nun kann man sich natürlich bewusst dagegen auflehnen und in die totale Opposition zu allem „man“ gehen. Man kann bewusst aussteigen. Was „man“ früher so machen sollte, darf „man“ dann heute auf keinen Fall mehr so machen, schließlich ist „man“ ja ausgestiegen und endlich frei.

Aber ist die Unfreiheit des „So-sein-Müssens“ nicht ebenso groß wie die Unfreiheit des „Keinesfalls-mehr-so-sein-Dürfens“? Ist das wirklich eine Befreiung oder wurden hier nur die Etiketten ausgetauscht?

Aber gehen wir zurück zu unserem Thema. Der zweite Schritt, mit dem ich Sie hier bekannt machen möchte, gelingt umso besser, je konsequenter Sie den ersten Schritt trainiert haben. Solange in Ihrem Oberstübchen noch wilde Partys ablaufen, werden Sie mit diesem zweiten Schritt große Schwierigkeiten haben. Dies gilt natürlich auch für jeden weiteren Schritt. Gehen Sie also ganz bewusst „schrittweise“ vor. Sie kommen dabei garantiert schneller ans Ziel, als wenn Sie versuchen würden, irgendwelche Abkürzungen zu nehmen. Also packen wir die zweite Übung an!

1. Setzen Sie sich irgendwo ruhig hin und stellen Sie unbedingt sicher, dass Sie nicht gestört werden. Nehmen Sie einen Stuhl, einen bequemen Sessel oder was immer Sie sich aussuchen.

2. Schauen Sie dann einen beliebigen Gegenstand an und befehlen Sie nun Ihrem Gedankenapparat, sich ausschließlich mit diesem Gegenstand zu beschäftigen. Ich, der Hausherr in diesem Körper befehle nun, dass . . .

3. Schauen Sie etwas ganz Banales, wie z.B. eine Türklinke, an und zwingen Sie nun Ihren Gedankenapparat, sich ausschließlich mit dieser Türklinke zu beschäftigen:

Erste mögliche Abwehrreaktion: „Was soll mir denn schon zu einer Türklinke einfallen"? Sie werden sehen - eine ganze Menge!

Eine Türklinke dient dem Öffnen und Schließen der Tür, die ich jetzt ganz bewusst betrachte. Sie ist also so etwas wie ein Hebel vom Innen zum Außen und natürlich auch umgekehrt. Sie funktioniert in der Regel in beide Richtungen oder sie fehlt ganz bewusst auf einer Seite. Ein Einbahnverkehr also.

Abgeleitet von einer solchen Türklinke ist der Begriff des Klinkenputzens, den man heute für eine Tätigkeit benutzt, in der jemand von Haus zu Haus geht, um an der Tür etwas zu verkaufen. Ein Klinkenputzer also, da er viele Klinken in die Hand nimmt und sie dabei unwillentlich putzt. Früher wurden Türklinken an Hauseingängen, wie auch Namens- und Firmenschilder ganz bewusst geputzt. Sie mussten glänzen und galten als Visitenkarte des Hauses.

Die Klinke, die ich jetzt hier betrachte, gilt allerdings nur für den Innenbereich. Sie sieht metallisch aus und besteht wahrscheinlich aus irgendeiner Legierung. Wenn ich sie jetzt anfassen würde, würde sie sich sicher auch etwas kühler anfühlen als die Umgebung. Metallisches fühlt sich immer etwas kühler an.

Die Klinke, die ich betrachte, zeigt im Moment eine waagerechte Stellung. Um sie zu betätigen, um ihre Funktion auszulösen, müsste ich das Ende des nicht unmittelbar mit der Tür verbundenen Teils herunterdrücken und in eine etwa senkrechte Stellung bringen. Dadurch würde ich eine Mechanik im Inneren der Tür auslösen, die dann das nicht sichtbare eigentliche Türschloss freigibt, sodass ich sie mühelos hin- und herbewegen und mich für diese oder die andere Seite der Tür entscheiden könnte.

Die Klinke ist also tatsächlich ein ganz entscheidender Hebel zwischen Innen und Außen, obwohl sie eigentlich auch wiederum kein klassischer Hebel ist. Wird dieser Hebel sehr oft benutzt, spricht man davon, dass die Leute sich gegenseitig die Klinke in die Hand geben, was für einen regen Verkehr zwischen dieser und jener Seite der Tür spricht. Vielleicht in Arztpraxen oder so.

Die Klinke, die ich jetzt betrachte, liegt wahrscheinlich sehr angenehm in der Hand. Sie ist handgerecht geformt und verhindert das Abrutschen der Hand, was vor allen Dingen bei nassen Händen von Vorteil sein kann. Viel Verkehr hat sie nicht auszuhalten, trotzdem putze auch ich sie manchmal ab, wenn ich ohnehin sauber mache.

Auch kann ich durch Betätigen der Klinke und Schließen der Tür sicherstellen, dass die Kühle des ungeheizten Nebenraums nicht in mein gemütliches Wohnzimmer dringt. Sie dient also auch meinem Wohlbehagen, wenn nur meine Katze nicht gelernt hätte, auf die Klinke zu springen, damit die Tür sich öffnet und sie an ihr Futter im kühleren Nebenraum gelangt. Ich wollte sie deshalb schon Klinki nennen. Usw. usw. usw …

Sie haben schon gemerkt, auch solch ein banales Thema kann man endlos auswalzen, bis wirklich nichts mehr geht. Es ist, wie wenn Sie ein Handtuch so lange auswringen, bis kein Tropfen mehr herauskommt. Genau dazu fordere ich Sie sinngemäß bei dieser Übung auf.

Jede Abweichung vom Thema, jeder Quergedanke, der ein Ausweichmanöver in Ihrem Oberstübchen einleiten möchte, muss sofort eliminiert werden.

Angebote zum Abgleiten gibt es genug. So verlockend es in meinem Beispiel auch wäre, z.B. über Ihre Katze, die Sie Klinki genannt haben, weil sie es versteht, sich an die Klinke zu hängen und die Tür zu öffnen, zu sinnieren. Sie, der Hausherr, führen die Gedanken gnadenlos zur Türklinke zurück, bis wirklich nichts mehr geht – und selbst dann geht immer noch was.

Sie werden feststellen, dass Ihnen mit der Zeit die Übung immer leichter fällt, dass Ihnen immer mehr in den Sinn kommt und dass auch die Querschüsse mehr und mehr ausbleiben. Machen Sie sich diesen Erfolg ganz bewusst. Sie dürfen ruhig mit sich zufrieden sein. Sie müssen nicht immer nur leisten.

Im Übrigen ist diese Übung auch ein sehr effizientes Kreativitäts-Training. Sie werden auf Ideen und Zusammenhänge kommen, auf die Sie sonst nie gekommen wären. So etwas kann man übrigens auch zu zweit machen. Jeder nimmt sich einen möglichst simplen Gegenstand vor, der andere hört aufmerksam zu und korrigiert jede Abweichung. Der Weg zur Gedankenbeherrschung kann sogar Spaß machen.

Noch etwas Wichtiges zum Umgang mit unerwünschten Gedanken, mit Gedanken, die immer wieder Ihre Betrachtung stören, die sich immer wieder einmischen, die Sie immer wieder von Ihrem Thema abbringen wollen.

Je mehr Sie etwas
nicht denken wollen, je mehr
Sie einen Gedanken bekämpfen,
desto mehr halten Sie ihn fest.

Klingt zunächst widersinnig, ist aber leicht erklärbar. Auf was wir unsere Energie richten, das wächst. Dabei gibt es kein Nichtwollen. Keine Angst haben zu wollen, bedeutet, sich mit dem Thema Angst zu beschäftigen. Aber warum beschäftigen Sie sich mit etwas, was Sie nicht haben wollen? Für Ihr Unterbewusstsein zählt nur das Stichwort Angst und es wird dieses Thema mit Freuden aufgreifen.

Wenn Sie also einen Gedanken nicht zulassen wollen und ihn deshalb bekämpfen, begeben Sie sich energetisch in genau das Thema, in das Sie ja eigentlich nicht einsteigen wollen. Auch hier wird Ihr Unterbewusstsein das Thema dankend annehmen. Sie gießen eine Pflanze, die Sie eigentlich verdörren lassen wollten.

„Verdörrenlassen" ist das richtige Stichwort. Ziehen Sie Ihre Energie vom ungebetenen Thema ab. Stellen Sie das Denk-Angebot einfach nur fest und kümmern Sie sich dann nicht mehr darum. Lassen Sie es im wahrsten Sinne des Wortes verhungern. Es wird dann ebenso schnell wieder gehen, wie es gekommen ist. Schalten Sie auf Durchzug.

6

Der dritte Schritt zur Beherrschung Ihrer Gedanken

Die Gedanken ins „Hier und Jetzt“ holen

Mit dem Schritt 1 haben Sie zunächst einmal Ihren generellen Herrschaftsanspruch angemeldet: „Ich will wissen, was da in meinem Oberstübchen so vor sich geht - ich beobachte ganz bewusst, was da abläuft“. Ich bin der Hausherr - nichts bleibt mir unentdeckt!

Mit dem Schritt 2 haben Sie dann Ihren Herrschaftsanspruch ausgeweitet und ganz klar bestimmt, womit sich Ihr Gedankenapparat jetzt zu beschäftigen hat.

Sie haben dabei keinerlei Abweichungen zugelassen - so hoffe ich jedenfalls. Durch diese beiden ersten Schritte dürfte sich Ihr Gedankenumsatz inzwischen etwas beruhigt haben, sodass Sie sich jetzt an den Schritt 3 wagen können.

Mit dem Schritt 3 greifen Sie nunmehr erstmals aktiv in Ihre Gedankenabläufe ein. Sie nehmen eine erste und recht einfache Überprüfung vor:

Beschäftigen sich meine
Gedanken mit dem, was ist,
mit dem, was war, oder mit dem,
was eventuell sein könnte?

Wenn Sie dabei feststellen müssen, dass Ihre Gedanken sozusagen auf Reisen sind, dass sie nicht im Hier und Jetzt sind und sich mit vielleicht entstehenden, „man weiß ja nie und überhaupt . . . ", Problemen beschäftigen, müssen Sie einen solchen Gedankengang sofort abbrechen und bewusst ins Hier und Jetzt zurückkehren.

Mit Problemen beschäftigen Sie sich grundsätzlich erst dann, wenn sie zur Lösung anstehen, und nicht schon dann, wenn sie vielleicht entstehen könnten. Auf diese Weise reduzieren Sie recht drastisch die Anzahl der Probleme, die in Ihrem Kopf kreisen.

Nun könnten Sie natürlich einwenden, dass Sie sich ja gedanklich ganz bewusst mit einem evtl. entstehenden Problem beschäftigen, damit es dann erst gar nicht zum Problem werden kann. Sie wollen sozusagen vorsorgen.

Diese Art „Vor-Sorge" ist – wie es das Wort schon sagt – nichts anderes als die Sorge vor der Sorge. Sie begeben sich damit in ein negatives Energiefeld, das dann in der Regel genau das anzieht, was Sie durch ihre Vorsorge doch eigentlich vermeiden wollten.

Warum beschäftigen Sie sich mit etwas, was Sie nicht wollen? Beschäftigen Sie sich doch mit dem, was Sie wollen. Mit Ihren Gedanken setzen Sie geistige Ursachen in Bewegung, die immer nach Umsetzung suchen.

Schöpfung heißt „er-schaffen".
Schöpfung heißt nicht „ab-schaffen"!

„Es werde Licht" und nicht „es soll keine Dunkelheit mehr sein".

Wenn Sie z.B. Angst haben, dass bei Ihnen eingebrochen wird, wenn Sie sich deshalb alle möglichen Sicherheitssysteme einbauen lassen, auch die Nachbarn bitten, ein Auge auf Ihr Haus oder Ihre

Wohnung zu werfen, zusätzlich auch noch eine Lichtschaltuhr aktivieren und den Nachbarn mehrmals aus Ihrem Urlaub anrufen und wissen wollen, ob noch alles in Ordnung sei, dann sind Sie nahezu reif dafür, dass bei Ihnen eingebrochen wird. Sie haben ein Energiefeld bereitet, das genau jene Energie anzieht, die Sie doch eigentlich abwehren wollten.

Ein anderer fährt in Urlaub, vergisst, die Haus- oder Wohnungstür zuzumachen, und es passiert rein gar nichts. Einem freundlichen Nachbarn fiel das irgendwann auf und er hat dann die Tür zugemacht.

Aber auch hier ist - wie so oft - das richtige Mittelmaß entscheidend. Ich empfehle Ihnen keineswegs die Tür offen zu lassen, wenn Sie in Urlaub fahren, aber ich warne Sie ausdrücklich vor hysterischem Aktivismus. Ich warne Sie davor, ein Energiefeld zu schaffen, das die Dinge oder Umstände anzieht, die Sie doch eigentlich vermeiden wollten. Das gilt für alle Bereiche des Lebens. Auch die Angst vor Krankheit ist nicht gerade gesundheitsfördernd.

Gedanken sind wie Bestellscheine,
die Sie an ein Versandhaus schicken.
Die darauf folgende Lieferung
entspricht Ihrer Bestellung.

Anders als die Vor-„sorge" ist die Vor-„freude" zu bewerten. Auch damit ziehen Sie im Prinzip das an, was sich in Ihren Gedanken abspielt. Aber bitte Vorsicht mit allzu heftiger Vorfreude. Sie könnten enttäuscht werden, wenn die Dinge dann nicht oder zumindest nicht genauso eintreffen, wie Sie sich das vorgestellt haben.

Auf der sichersten Ebene sind Sie dann, wenn Sie sich weder in „Vor"-sorge noch in „Vor"-freude bewegen, wenn Sie im Hier und

Jetzt bleiben und dafür sorgen, dass es Ihnen in diesem Hier und Jetzt gutgeht. Wenn es Ihnen gutgeht, mag doch kommen, was will.

Kommt dann tatsächlich etwas auf Sie zu, um das Sie sich sorgen müssen, dann sorgen Sie sich halt in diesem Moment darum. Prüfen Sie sorgfältig, was Sie „jetzt" tun können, und handeln Sie in diesem „Jetzt"! Kommt etwas auf Sie zu, das Ihnen Freude bereitet, freuen Sie sich darüber und nehmen Sie es mit offenen Armen an. Aber bitte, nehmen Sie nicht alles vorweg - weder das eine noch das andere.

Gehen wir nun zu einem praktischen Beispiel unserer dritten Übung.

Ich bin „jetzt" hier. Ich sitze „jetzt" hier auf diesem Stuhl.

Ich spüre „jetzt" bewusst die weiche Sitzfläche und die Armlehnen dieses Stuhles.

Ich registriere „jetzt" bewusst meine Atmung. Ich atme bewusst ein und aus und spüre dabei auch die Luft, die ich ein- und ausatme.

Ich schließe „jetzt" einmal kurz die Augen, öffne sie dann wieder und nehme ganz bewusst das Hier und Jetzt wahr, in dem ich mich befinde.

Ich nehme „jetzt" auch ganz bewusst meine Gedanken wahr und führe auch meine Gedanken ins Hier und Jetzt. Jedes Mal, wenn ich ausatme, sage oder denke ich dabei den Satz: „Ich bin jetzt ausschließlich hier."

Wenn Sie wollen, können Sie nunmehr erneut die Technik der Übung 2 anwenden und Ihre Gedanken auf einen Gegenstand lenken, den Sie anschauen. Das haben Sie ja inzwischen geübt, so hoffe ich jedenfalls.

Diese Abfolge gilt natürlich sinngemäß für jede Situation, in der Sie sich gerade befinden. Ob Sie in einem Flugzeug sitzen, gerade den Rasen mähen oder auf der Toilette sitzen. „Sie" sind im

Prinzip immer im Hier und Jetzt. Richtiger gesagt, Ihr materieller menschlicher Körper ist immer im Hier und Jetzt, der kann gar nicht anders. Nur Ihre Gedanken gehen auf Reisen und verlassen dieses Hier und Jetzt leider allzu oft.

In Ihre Übung können Sie auch mein Lieblingsthema einbauen. Schauen Sie einmal ganz bewusst auf Ihre Uhr. Ich weiß nun leider nicht, welche Art Uhr Sie tragen, aber jedenfalls zeigt Sie Ihnen Stunde und Minute des Hier und Jetzt an. Wenn sie noch einen Sekundenzeiger hat, wird Ihr Hier und Jetzt sogar in Sekunden zerlegt. Ich habe Ihnen aus meinem Bestand einmal einen russischen POLJOT-Cronographen fotografiert, eine Uhr, die Sie sicher nicht so oft sehen.

Schauen Sie bei Ihrer eigenen Uhr doch einmal ganz bewusst zu, wie lange sich zwanzig Sekunden anfühlen. Beobachten Sie, wie

die Sekunden verrinnen. Es sind Sekunden Ihres Lebens. Mit jedem Vorrücken des Zeigers wird Ihr Leben um eine Sekunde kürzer.

Bringen Sie Bewusstheit in die ablaufende Zeit. Es ist Ihre Zeit. Wir schauen so oft auf die Uhr, um festzustellen, ob wir schon müssen, es hoffentlich noch schaffen, wir endlich dies oder jenes können, etwas bald zu Ende ist oder was auch immer.

Schauen Sie bei unserer Übung doch einfach nur auf die Uhr, um sich das Zerrinnen der Zeit bewusstzumachen - hier und jetzt. Dieses Hier und Jetzt ist immer nur der kurze Moment, in dem ein Zeiger auf der jeweiligen Position steht. Das Davor oder Danach ist Vergangenheit oder Zukunft - beides existiert aber in dem Moment nicht.

Ängste, Sorgen, Zweifel, Erwartungen und dergleichen sind niemals im Hier und jetzt. Sie nehmen immer etwas vorweg, was sein könnte, aber nicht ist. Wir haben das schon besprochen.

Das Gefährliche an solchen Ausflügen Ihres Denkapparates ist, dass die rein gedanklich erzeugten Bilder dann sehr schnell zu einer Wahrheit werden können, die die Realität des Hier und Jetzt vollkommen überlagert. Was zunächst als theoretisch gedacht begann, wird dann für Sie sehr schnell zu einer Wirklichkeit werden, an der Sie dann keine Zweifel mehr haben.

Sie leben das bereits vorweggenommene Problem, Sie fühlen es bereits und ziehen damit das vorweggedachte Problem auch magisch an. Ich habe auch das schon hinreichend erklärt. Es ist so einfach und doch so schwierig zugleich.

Gleiches zieht Gleiches an -
ungleiches stößt einander ab.

Dieser Mechanismus funktioniert natürlich auch umgekehrt. Haben Sie positive Gedankengänge, freuen Sie sich auf etwas, stellen Sie sich etwas sehr Schönes vor, so tauchen Sie natürlich auch in dieses Energiefeld ein, was dann vielleicht sogar ein erwartungsvolles Lächeln auf Ihre Lippen zaubert. Solche Gedankengänge können Sie (mit einer Ausnahme, die ich am Ende des Kapitels noch etwas deutlicher mache) in jedem Fall zulassen.

Das rein theoretisch gedachte Problem kann Sie ebenso wie die rein theoretisch gedachte Freude vollkommen in Besitz nehmen. Ausgangspunkt sind dabei immer Ihre Gedanken. „Der Mensch ist das, was er denkt."

Mit unseren Gedanken erschaffen
wir uns die Welt, in der wir leben.

So, wie wir die Welt ansehen, so, wie wir sie gedanklich verarbeiten, so kommt sie uns entgegen.

Wenn wir also unseren Gedankenapparat auch nur einigermaßen beherrschen, beherrschen wir damit auch unser Leben. Wir blättern dann bewusst wie in einer Speisekarte, wir können dann bewusst auswählen, wir müssen nicht alles zu uns nehmen, was uns auf der Gedankenebene angeboten wird. Wir müssen nicht auch noch das leider Schlechtverdauliche hinunterschlucken. Wir können uns den mit Sicherheit darauf folgenden Schluckauf ganz bewusst ersparen. Entscheidend für unser Wohlbefinden ist ausschließlich das Hier und Jetzt.

Wenn Sie wollen, dass es Ihnen in
Zukunft immer gutgeht, sorgen Sie
dafür, dass es Ihnen „jetzt" gutgeht,

und bleiben Sie dann von
jetzt zu jetzt dabei.

Ein noch einfacheres Rezept kann ich Ihnen leider nicht anbieten, und doch ist seine Anwendung eine der schwierigsten Aufgaben, denn unser reisefreudiger Gedankenapparat will uns immer vorauseilen. Diesen Gedankenapparat gilt es zu zähmen, diesen Gedankenapparat gilt es leinenführig zu machen.

Leben wir im Urvertrauen, fällt es uns auch leicht, im Hier und Jetzt zu leben. Wir sind uns unserer selbst sicher, wir wissen, dass wir geführt und geschützt werden, wir wissen, dass nichts gegen uns geschieht und dass auch das, was wir als schmerzhaft empfinden, in Wahrheit für uns geschieht und nicht gegen uns. Im Urvertrauen fällt uns die Konzentration auf das Hier und Jetzt relativ leicht.

Fehlt uns aber dieses Urvertrauen, leben wir eher in einem Ur-„miss"-trauen, können wir keinen Moment loslassen. Unser Verstand muss alles vorwegdenken und planen, muss alles und jedes sorgfältig analysieren und zukünftige Verhaltensweisen auf mögliche Gefahren hin untersuchen und rattert und rattert und rattert . . . Eine höchst anstrengende Lebensweise, die Sie irgendwann auszehrt. Sie werden gezwungen loszulassen – freiwillig wäre es wesentlich schmerzfreier gewesen.

Wenn Sie Schwierigkeiten mit dem haben, was man Urvertrauen nennt, empfehle ich Ihnen mein Buch: „Im Urvertrauen leben", das im gleichen Verlag erschienen ist. Aber Bücher können immer nur Anstöße geben, die notwendigen Änderungen können Sie nur selbst vollziehen.

Wenn wir also bei unserer Übung ins Hier und Jetzt gehen, unsere Gedanken kontrollieren und feststellen, dass es uns rundum gutgeht, haben wir keinerlei Anlass zu einer Korrektur. Wir können den Film so weiterlaufen lassen. Wir sitzen im richtigen Kino.

Stellen wir aber das Gegenteil fest, müssen wir feststellen, dass unser Verstand in Problemen badet, die noch gar nicht existent sind, aber eventuell entstehen könnten, oder gar in Problemen der Vergangenheit badet, dann müssen wir ihn unverzüglich ins Hier und Jetzt zurückholen und ebenso unverzüglich dafür sorgen, dass es uns wieder gutgeht.

Nun werden viele Leser einwenden, dass ihnen gerade das leider nicht oder nicht immer gelingt, dass sie die negativen Gedanken nicht so einfach loswerden, ja, dass solche Gedanken sie bis in den Schlaf hinein verfolgen - wenn sie denn überhaupt so etwas wie Schlaf finden.

Ja, aber gerade, weil dies so ist, fangen Sie doch dieses Trainingsprogramm an, gerade weil dies so ist, lesen Sie doch dieses Buch, und ich garantiere Ihnen, dass sich der Gedankenterror auch keinesfalls allein dadurch ändern wird, dass Sie dieses Buch einfach nur zu Ende lesen.

Erst das konsequente Training, das ich Ihnen in diesem Buch aufzeige, kann letztlich eine Verbesserung bewirken - und zwar schrittweise -, wie ich immer wieder betone. Das Lesen allein, oder sogar ein zustimmendes Kopfnicken nutzen leider nichts.

Ein Denkapparat,
der Sie bislang beherrscht hat,
wird sich nicht umgehend
von heute auf morgen
von Ihnen beherrschen lassen.

Ein Hund, der nie gelernt hat, an der Leine zu gehen, ein Hund der nie gelernt hat, Platz zu machen, wenn Sie das von ihm gefordert haben, wird sie zunächst einmal verständnislos anschauen, wenn Sie plötzlich so etwas von ihm verlangen. Nicht, weil er bösartig ist – er hat das einfach nie gelernt, er weiß nicht einmal, was Sie von ihm wollen. Er konnte doch bisher hinlaufen, wohin er wollte, und seine Nase in das hineinstecken, was ihm interessant erschien. Warum soll das plötzlich anders sein?

Aber gehen auch wir wieder ins Hier und Jetzt zurück. Ich will ja kein Buch über Hundeerziehung schreiben, und doch ist ein solcher Vergleich nicht ganz abwegig.

Ihr Gedankenapparat kann ein höchst hinterlistiger Schweinehund sein, wenn es darum geht, Ihr Hier und Jetzt zu stören.

Aber nun zu der Ausnahme bei positiven Gedankengängen, von denen ich ja gesagt habe, dass Sie diese im Prinzip ruhig zulassen können. Wenn Ihre positiven Gedankengänge Menschen mit einbeziehen, an die Sie große Erwartungen knüpfen, wenn Sie in Ihren positiven Gedankengängen davon ausgehen, dass diese positiven Erwartungen auch erfüllt werden, dann sind Sie auf dem unfehlbaren Weg, eine schmerzhafte Erfahrung machen zu müssen. Warum?

Sie haben kein Recht, Erwartungen an des Verhalten anderer Menschen Ihnen gegenüber zu knüpfen, wie auch diese kein Recht haben, Erwartungen an Ihr Verhalten zu knüpfen. Sie können und dürfen nicht in das Leben anderer eingreifen – auch nicht durch Ihre Vorweggedanken.

Natürlich sind Sie bitter enttäuscht, wenn Ihre wunderbaren Erwartungen nicht in Erfüllung gehen. Natürlich sind andere enttäuscht, wenn deren Erwartungen an Sie nicht in Erfüllung gehen.

Aber was heißt enttäuscht? Sie oder andere haben in einer Täuschung gelebt. Diese Täuschung wurde aufgehoben, Sie wurden „ent"-täuscht und können nun wieder klar sehen. Danke!

Eigentlich doch ein Grund zur Freude - oder?

7

Der vierte Schritt zur Beherrschung Ihrer Gedanken

Die Gedanken auf beweisbare Fakten reduzieren

Dieses Kapitel liegt dem Thema des vorherigen Kapitels sehr nahe, ist aber trotzdem etwas anderes gelagert. Sie können z.B. total im Hier und Jetzt sein und etwas als objektive Fakten und sichtbare Tatsachen bewerten, ohne dass dies in Wahrheit auch so zutrifft. Lediglich für Sie ist es so, aber ist es auch wirklich so? *„Der mag mich nun einmal nicht, das merkt man doch an allem."*

Rücken Sie solch scheinbaren Wahrheiten zu Leibe, indem Sie sich zunächst einmal völlig emotionslose, analytische Fragen stellen:

1. ***Was weiß ich wirklich?***

2. ***Welche nachprüfbaren Beweise gibt es dafür?***

3. ***Was wäre der schlimmstmögliche Ausgang?***

4. ***Wie würde ich mich bei diesem schlimmstmöglichen Ausgang verhalten?***

Vielleicht erklärt sich das am besten an einem weiteren Beispiel: Nehmen wir einmal an, Sie befürchten, dass Ihr Arbeitgeber Ihnen kündigen wird, obwohl Sie diesen Job doch so dringend brauchen, weil das Haus noch nicht abbezahlt ist, die Kinder immer noch von Ihnen unterstützt werden müssen, auch die Kücheneinrichtung noch nicht ganz abbezahlt ist, der nächste Urlaub schon geplant, das Auto vorher noch unbedingt in die Werkstatt muss - und da weiß man ja nie, was auf einen zukommt . . . usw.

Wenn Sie dieses Beispiel nicht sonderlich mögen, nehmen wir den Fall einer Partnerschaft, in der Sie befürchten, dass Ihr Partner schon längst seine eigenen Wege geht, Sie wahrscheinlich verlassen will und Sie nicht wissen, wie Sie dann weiterleben sollen. Gleichgültig, welches Beispiel wir nehmen, die dabei ausgelösten Mechanismen sind immer die gleichen.

Etwas Bedrohliches braut sich in Ihren Gedanken zusammen und wird immer mehr zur Wahrheit. Sie fühlen sich dem ausgeliefert und wissen nicht, was Sie dagegen tun könnten. Dieses Gefühl der Machtlosigkeit löst natürlich Angst aus.

Angst aber wiederum zieht immer genau das an, wovor wir Angst haben. Wir bereiten wieder einmal ein Energiefeld vor, wir sprechen wieder einmal eine Einladung für das aus, was wir doch eigentlich gar nicht einladen wollen.

Dies gilt immer und überall. Wenn Sie z.B. Angst haben, krank zu werden, wenn Sie sorgfältig auf alles achten, was man zum Thema Gesundheit alles so liest und hört, wenn Ihr ganzes Verhalten darauf ausgerichtet ist, nur ja nicht krank zu werden, wenn Sie vielleicht zur Vorsicht schon diese oder jene Tabletten oder Nahrungsergänzungsmittel zu sich nehmen, dann sind Sie auf dem besten Weg, krank zu werden. Irgendwie widersinnig, aber trotzdem sind diese Mechanismen immer wieder zu beobachten.

Sie bereiten durch Ihr Verhalten ein Energiefeld vor, das Krankheit nahezu anzieht. Irgendwie haben Sie Krankheit ja erwartet oder zumindest für möglich gehalten oder Sie hätten diesem Thema doch nicht eine so große Bedeutung beigemessen.

Wenn Sie sich hingegen froh und unbeschwert über jeden Tag Ihres Lebens freuen, wenn Sie voller Saft und Kraft im Leben stehen und Krankheitsbefürchtungen in Ihrem Oberstübchen keinerlei Platz finden, wird es Krankheit auch dementsprechend schwer haben, sich bei Ihnen einzunisten. Irgendwie stehen Sie nicht zur Verfügung.

Im Fall der Besorgnis haben Sie die Tür für Krankheit weitgehend geöffnet, Sie rechnen ja schon irgendwie mit ihrem Besuch. Im zweiten Fall der unbeschwerten Lebensfreude haben Sie die Tür weitgehend verschlossen – niemand erreichbar, niemand zuhause! Krankheit kommt in Ihrem Denken nicht vor.

Nun gibt es für das, was ich hier sage, natürlich keine hundertprozentigen Garantien. Es sind lediglich Tendenzen – diese allerdings mehr als deutlich. Es sind Erfahrungswerte, die sich in meiner täglichen Arbeit immer wieder exakt bestätigen.

Krankheit kann Sie immer und überall treffen. Aber es ist ein gewaltiger Unterschied, ob Sie mit einer positiven und optimistischen Lebensweise die Tür für Krankheit zu achtzig Prozent verschließen oder im Fall von Sorgen und Ängsten die Tür zu achtzig Prozent öffnen. Dies ist doch immerhin eine Überprüfung Ihrer Gedankenwelt wert.

Selbst wenn Sie nun die achtzig Prozent für übertrieben und höchstens sechzig bis siebzig Prozent für realistisch halten, ist dies doch immer noch ein gewaltiger Unterschied, den es zu bedenken gilt.

Ich weiß natürlich, dass meine Empfehlung in krassem Gegensatz zu den Interessen derer steht, die mit dem ganzen Krankheitsvorsorgewahn und den damit oft verbundenen Zusatzleistungen aller Art, die von gesetzlichen Kassen nicht übernommen werden, ihr Geld verdienen.

Eine vernünftige Vorsorge ist absolut empfehlenswert. Auch ich habe bei mir eine Darmspiegelung durchführen lassen, auch ich habe mein Herz einmal durchchecken lassen, die Prostata untersuchen lassen und erlaube dem Zahnarzt einen regelmäßigen Blick in mein Esszimmer, aber damit ist das Thema dann auch aus meinem Kopf verschwunden. Damit habe ich das Thema abgehakt. Ich kann hier natürlich nur aus meiner eingeschränkten männlichen Sicht berichten. Für die Damenwelt gelten natürlich andere sinnvolle Vorsorgeuntersuchungen.

Die Grenze ist da zu ziehen, wo so etwas wie eine Vorsorgehysterie beginnt. Dazu ein kurzes Beispiel. Meine Frau ließ bei einer Routineuntersuchung von einer Gynäkologin auch ihre Brust untersuchen: *Ohne Befund. Wie schön – ein Grund zur Freude? Denkste!*

Die Gynäkologin ließ nicht locker und wollte wissen, ob bei der Mutter meiner Frau schon einmal etwas Auffälliges festgestellt wurde. Als dann meine Frau berichtete, dass ihre Mutter einmal an der Brust operiert wurde, meinte die Dame, dass dann auch eine entsprechende Disposition bei meiner Frau bestehe und sie nun ihre Brust mindestens einmal im Jahr untersuchen lassen und zudem auch selbst alle paar Wochen sorgfältig abtasten müsse.

Meine Frau hat mir dann völlig erschrocken erzählt, dass auch ihre Brust gefährdet sei. Auch ihr Gedankenapparat begann zu mahlen, sie sah sich schon irgendwie betroffen und hätte ich sie nicht von ihrer aufkommenden Angst befreit, hätte wohl auch sie die Tür zu diesem Thema weit geöffnet.

Aus einem Grund zur Freude wäre beinahe ein Grund zur Sorge geworden. Statt aus einem positiven Ergebnis – ohne Befund – innere Stärke und Zuversicht zu ziehen, wurde von dieser Frau Dr. med. das genaue Gegenteil bewirkt. So etwas grenzt für mich an Körperverletzung – oder wie sehen Sie das?

Natürlich wird die Frau Dr. med. alle Argumente für ihr Verhalten bereit haben. Sie wolle sich z.B. nicht vorwerfen lassen, fahrlässig gehandelt und nicht auf solche Zusammenhänge aufmerksam gemacht zu haben. Was könnte man schon gegen solch edles Bestreben sagen?

Auch ich möchte mich solch edlem Bestreben nicht verschließen und Ihnen sagen, dass das Leben an sich tödlich ist und sie mit jedem Tag Ihres Lebens dem Tod ein Stück näher kommen.

Die Konsequenz im Sinne einer perfekten Vorsorge wäre es dann doch, das, was Sie dem Tod täglich und unausweichlich ein Stück näher bringt, sofort zu beenden – die perfekte Vorsorge.

Ich hoffe natürlich, dass Sie gerade das nicht tun und in der Lage sind, über diese Quadratur des Nonsens zu schmunzeln.

Nun wollten wir uns hier eigentlich nicht mit Krankheiten beschäftigen. Aber es ist ein wunderbares Beispiel für die Notwendigkeit einer bewussten Gedankenkontrolle oder, sagen wir in diesem Fall besser, einer bewussten Gedanken-„hygiene".

Nehmen wir nun auch einmal das Beispiel, das ich am Anfang des Kapitels genannt habe. Sie haben Angst, dass Ihr Partner/in Sie verlassen will, schon längst eigene Wege geht und Sie nicht wissen, wie Sie dann weiterleben sollen.

Wenn sich solche Gedankenspiele in Ihrem Kopf austoben – und die toben dann wirklich – sind Sie bereits auf dem besten Weg, Ihren Partner/in zu verlieren. Sie schaffen durch Ihre Gedankenspiele ein Energiefeld, das genau das anzieht, was Sie doch eigentlich vermeiden wollen.

Denken Sie an die Bestellscheine, die wir mit unseren Gedanken an ein Versandhaus schicken.

Wenn uns von dort immer wieder genau das geliefert wird, was wir doch eigentlich nicht haben wollten, dann liegt das nicht etwa an deren Schlampigkeit oder gar Bösartigkeit - es liegt allein an unseren falsch ausgefüllten Bestellscheinen. Irrtum ausgeschlossen.

Wir sind nicht Opfer, wir sind Täter. Alle Klagen über die Ungerechtigkeiten, die uns dauernd widerfahren, sind nur Zeugnisse unserer Unwissenheit. Gehen wir doch einmal etwas tiefer in das Beispiel der Angst um den Partner/in. Zunächst etwas ganz Einfaches:

Wenn sich die Gedanken über den möglichen Verlust eines Partners/in in Ihrem Kopf drehen, werden Sie sich ganz automatisch anders verhalten, als Sie sich verhalten würden, wenn es diese Gedanken nicht gäbe.

Auch wenn Sie sich noch so sehr vornehmen, ganz normal zu bleiben, der freie und unbeschwerte Umgang mit Ihrem Partner oder der Partnerin ist dahin. Sie wirken verkrampft, unsicher vielleicht sogar abweisend.

Also wenden wir nun hier einmal die eingangs dieses Kapitels beschriebene Fragetechnik an:

1. Was weiß ich wirklich?

Ja, was wissen Sie denn nun eigentlich „mit Sicherheit" und was ist lediglich Ihr Gefühl, Ihre Vermutung, Ihre Befürchtung? Was kombinieren Sie sich da zusammen? Welcher Film läuft da in Ihrem Kopf?

2. Welche Beweise gibt es dafür?
Was sind unwiderlegbare Fakten?

Ist das, was Sie da als Beweis werten, wirklich zweifelsfrei, oder ist es nur für Sie zweifelsfrei? Würde das, was Sie da als Beweis sehen, in einer Gerichtsverhandlung standhalten? Was sind wirklich unwiderlegbare Fakten?

Dass z.B. jemand immer öfter später nach Hause kommt und seltsame Telefonate führt, sagt zunächst einmal gar nichts. Vielleicht trinkt er lieber noch irgendwo gemütlich ein Bier oder einen Kaffee, bevor er sich in das immer unerfreulicher werdende häusliche Energiefeld begibt, das Sie inzwischen mit Ihrem Verdacht geschaffen haben.

Vielleicht hat er/sie einen guten Freund/in in einer ähnlichen Situation, mit dem er/sie sich am Telefon bespricht und was Sie natürlich nicht hören sollen.

Vielleicht schaut sie lieber noch ein paar Schaufenster an oder probiert ein Paar Schuhe aus, bevor sie in das nicht mehr ganz so traute Heim zurückkehrt.

Was Sie brauchen, ist so etwas wie eine Feinregulierung Ihrer Gedanken. Sie müssen Ihre Gedanken auf einen realen und beweisbaren Punkt zurückregulieren. Bei einer Uhr ist dies etwas leichter als bei einem Menschen. Bei einer Uhr müssen Sie nur an einer Schraube drehen, um das Vorauseilen oder Hinterherhinken zu korrigieren, wie es z.B. bei einer sogenannten „Schwanenhals-Feinregulierung" nach Breguet, die ich Ihnen einmal fotografiert habe, der Fall ist. Nun, Schwanenhälse gibt es beim Menschen genügend, nur mit der Schraube, an der man drehen könnte, hapert es dabei.

Vor allem kann niemand von außen an etwas drehen. Es läuft ja intern in Ihrem Kopf ab und man kann nicht einfach den Deckel der Rückseite abnehmen, um Einblick in die Abläufe des Werks zu bekommen. Hier können Sie nur ganz alleine tätig werden. Hier sind „Sie" gefragt.

Sollten Sie aber – wie in meinem Beispiel der befürchteten Absetzbewegung eines Partners – wirklich handfeste Beweise für eine solche Tendenz haben, empfehle ich Ihnen, loszulassen und keinesfalls zu klammern, wenn Ihnen an einer Weiterführung der Partnerschaft gelegen sein sollte. Klingt zunächst wieder völlig widersinnig.

Ich empfehle Ihnen, das loszulassen, was Sie behalten wollen. Je mehr Sie in einer solchen Situation klammern und festhalten, desto heftiger wird die Rückzugsbewegung ausfallen.

Alles, was Sie festhalten,
wird sich befreien wollen.

Alles, was Sie frei lassen, wird wahrscheinlich bleiben.

Ich habe schon einmal in einem anderen Buch das Beispiel mit dem Stück glitschiger Seife gebraucht und möchte es hier noch einmal wiederholen, weil es exakt das trifft, was ich Ihnen mit meiner Aufforderung, loszulassen, vermitteln will.

Wenn Sie ein Stück glitschiger Seife festhalten wollen und dabei die Hand ganz fest zudrücken, wird dieses Stück glitschiger Seife über kurz oder lang an irgendeiner Stelle Ihrer Hand herausschießen. Dieses Herausschießen ist umso heftiger, je heftiger Sie zugedrückt haben, je heftiger Sie versucht haben festzuhalten.

Lassen Sie das Stück Seife jedoch relativ offen und leicht auf Ihrer Hand liegen, üben Sie keinerlei Druck aus und klammern Sie nicht, versuchen Sie nicht es mit aller Kraft festzuhalten, wird es dort wohl ruhig liegen bleiben.

Aber gehen wir zur nächsten Frage:

3. Was wäre der schlimmstmögliche Ausgang?

Also er oder sie will Sie tatsächlich verlassen. Ihre Ahnungen waren also richtig, Ihr Gefühl hat Sie nicht getäuscht. Wobei immer noch ungeklärt ist, inwieweit Sie selbst durch Ihre Vorahnungen und Ihrem daraus resultierendem Verhalten, durch das dann die Situation vermutlich immer unerträglicher wurde, mit dazu beigetragen haben: die sich selbst bewahrheitende Prophezeiung. Aber das werden wir hier letztendlich nicht klären können.

Jetzt brauchen Sie vor allem Geld, jetzt brauchen Sie eine neue Wohnung (woher Sie dann die Kaution und evt. Makler bezahlen sollen, wissen Sie nicht). Jetzt brauchen Sie eine anwaltliche Vertretung (wovon Sie diese bezahlen sollen, wissen Sie auch nicht). Jetzt brauchen Sie vielleicht auch einen neuen Job usw. usw. Ich kann hier nur ein paar Beispiele nennen. Jede persönliche Situation ist anders. Wichtig ist allein, dass Sie nun auch für den schlimmstmöglichen Fall eine gedankliche Lösung finden.

Sie gehen zum Sozialamt – nicht der leichteste Gang –, wo man Sie sogar wider Erwarten nicht auffrisst, sondern Ihnen helfen will.

Sie stellen bei Gericht einen Prozesskostenhilfe-Antrag und bekommen dadurch eine anwaltliche Vertretung. Nicht gerade ein Staranwalt, aber so kompliziert ist Ihr Fall ja nun auch wieder nicht.

Das Sozialamt weist Ihnen eine Wohnung zu, die entsprechend bezuschusst wird, oder hilft Ihnen, die alte Wohnung zu behalten (auch nicht gerade das, was Sie sich immer vorgestellt haben, aber immerhin).

Das Arbeitsamt bemüht sich, Sie wieder in Brot und Arbeit zu bringen usw.

Weder die Welt noch Sie sind untergegangen – Sie haben überlebt! Sie fangen ganz neu an und wollen diesmal nicht wieder die gleichen Fehler machen.

Nun liest sich das hier alles ganz leicht. Ich weiß natürlich, wie schwierig das alles ist, wenn man betroffen ist. Sie müssen nicht nur den Partner/in loslassen, Sie müssen auch ein ganzes Stück Ihres Egos loslassen. Haben Sie denn nicht immer alles getan, und nun diese himmelschreiende Ungerechtigkeit?

Die Opferrolle – ein höchst verlockendes Angebot für Ihren Gedankenapparat, und wenn Sie darauf eingehen, schaufeln Sie sich immer tiefer ins Leid, statt einen schwungvollen Neuanfang zu wagen.

Sie halten am Alten fest, und
Ihr Festhalten am Alten verhindert
das Ergreifen des Neuen.
Sie haben die Hände nicht frei!

Aber warum nun die Technik des schlimmstmöglichen Falls? Ganz einfach! Wenn Sie den schlimmstmöglichen Fall mit all seinen Konsequenzen durchdacht und dabei festgestellt haben, dass Sie durchaus überleben und ganz neu anfangen können, verliert die Situation jenes Bedrohungspotential, das in der Regel immer lähmend wirkt und die Kräfte eines Neuanfangs blockiert.

Sie wissen nun, was Sie tun werden, Sie sehen Licht am Ende des Tunnels. Ein neuer Abschnitt Ihres Lebens beginnt.

Nun haben wir aber bisher gesagt, dass wir unseren Gedankenapparat tunlichst mit dem beschäftigen sollen, was wir wollen, und nicht mit dem, was wir nicht wollen. Wir haben von Bestellscheinen gesprochen, die wir mit unseren Gedanken aussenden, und nun sage ich Ihnen, dass Sie sich mit dem schlimmstmöglichen Ausgang einer Sache beschäftigen sollen. Liegt darin nicht ein großer Widerspruch?

Nein, denn Sie sollen diesen schlimmstmöglichen Fall ja mit einem positiven Ausgang versehen. Sie sollen Ihre Lähmung und Angst überwinden. Sie sollen sehen, dass das Leben weitergeht, Sie sollen sehen, dass es eine Lösung gibt, die auf jeden Fall einen Neuanfang für Sie bedeutet. Freiwillig oder unfreiwillig!

Und wenn Sie dann genau das anziehen, wenn sie dann aus einer Krise gestärkt hervorgehen, hätte ich nichts dagegen.

Jede Lebenskrise und
jede ernste Schwierigkeit
bringt uns weiter,
wenn wir richtig damit umgehen.

Ich habe schon bei sehr vielen Menschen erlebt, dass sie z.B. nach der Überwindung einer schweren Krankheit das Leben ganz anders angepackt haben, dass sich ihr Wertesystem total verändert hatte, dass sie sich plötzlich ihrer eigenen Kraft bewusst wurden und ihr Leben in die eigene Hand nahmen.

Auch dabei ist natürlich die Kraft der Gedanken von ausschlaggebender Bedeutung. Nehmen wir z.B. die Diagnose einer schweren Erkrankung als unabwendbares Schicksal hin, das uns nun wohl bald dahinraffen wird, oder nehmen wir sie als Herausforderung an?

Zwischen diesen Einstellungen „als Schicksal hinnehmen“ oder „als Herausforderung annehmen“ liegt ein ganz elementarer Unterschied.

Nehmen Sie nicht die Prognosen irgendwelcher Ärzte wie ein Gottesurteil an, selbst wenn man Ihnen nach allen Erfahrungen und Statistiken nur noch ein halbes Jahr Lebenszeit zugestehen sollte.

Ärzte sind keine Götter! Ärzte sind fehlbare Menschen und an Ärztepfusch und -fehlern mangelt es wahrlich nicht.

Wenn wir alle die versammeln wollten, die nach ärztlichen Prognosen längst tot sein müssten, würden wir wohl das Berliner Olympiastadion mieten müssen.

Allein entscheidend ist das Programm, das auch in solchen Fällen in unserem Kopf abläuft.

**Ihr Programm, Ihr Denken,
kann sowohl ein positives wie auch
ein negatives Ergebnis bewirken.**

Nehmen Sie die ärztliche Prognose eines halben noch verbleibenden Lebensjahres gläubig hin, machen Sie sie zu Ihrer eigenen Wahrheit, ist es so, als würden Sie einen Wecker stellen, der dann pünktlich abläuft – die Ärzte hatten wieder einmal recht.

Nehmen Sie sich hingegen vor, dem Arzt, der diese Prognose in die Welt gesetzt hat, in den nächsten zehn Jahren jeweils zu Weihnachten ein Karte zu schreiben, auf der nur das eine Wort „ätsch" steht, dann sind Sie zumindest auf dem richtigen Weg. Dies gilt übrigens für alle Bereiche des Lebens.

Sollten Sie das Glück haben, ein hohes Lebensalter zu erreichen, ist es allein eine Frage Ihrer Gedankenwelt, ob Sie sich dann auch tatsächlich alt fühlen und sich in allen Dingen auch so verhalten.

Also, ich selbst bin sicher kein junger Mann mehr, aber alt habe ich mich noch nie gefühlt. Wenn mich jemand nach meinem Alter fragt, muss ich meist einen kurzen Moment nachdenken. Alt sein findet in meinem Kopf nicht statt, und was im Kopf keinen Platz findet, kann sich auch nicht in der Materie des Körpers manifestieren. Aber auch dies hat natürlich seine Grenzen. Der Traum ewiger Jugend und Gesundheit bleibt auch bei solchem Denken immer nur ein Traum

Aber auch hier möchte ich noch einmal das Beispiel der zu achtzig Prozent geöffneten oder der zu achtzig Prozent verschlossenen Tür anführen.

Wenn unser Körper durch jung gebliebenes Denken und Fühlen unserem tatsächlichen Lebensalter vielleicht um zehn Jahre hinterherhinkt, wenn wir immer noch vieles können, was die meisten Altersgenossen schon nicht mehr können, wenn wir uns immer noch zutrauen, was andere sich schon längst nicht mehr zutrauen, dann ist dies doch ein wunderbarer Zustand.

Wenn aber unser Körper durch unser eigenes Altdenken und -fühlen unserem tatsächlichen Lebensalter um zehn Jahre vorauseilt, wenn unser Körper schneller abbaut, als es unserem Lebensalter entspricht, wenn wir schon vieles nicht mehr können, was andere Altersgenossen vielleicht noch können, dann haben wir in unserem Selbstmanagement einen entscheidenden Fehler begangen.

Die kleine Differenz zwischen zehn Jahren hinterher oder zehn Jahren voraus sind immerhin zwanzig Jahre und das ist doch kein Pappenstiel.

Der Geist baut den Körper!

Es ist nicht das so gerne angeführte unwägsame Schicksal. Wir sind es!

Nun höre ich schon bei manchem Leser die Stürme der Entrüstung toben. So manches Ego wird sich mit aller Kraft dagegen wehren, dass seine sorgfältig gehüteten Alibis von mir so erbarmungslos eingerissen werden und natürlich auch sofort entsprechende Beweise des eigenen Nichtsdafürkönnens zur Hand haben.

Ja, wie immer haben Sie zwei Möglichkeiten: Sie entrüsten sich und baden weiter in der geliebten Opferrolle oder Sie überprüfen die Gedankenwelt Ihres Oberstübchens und gehen dann einen anderen Weg.

Zugegebenermaßen nicht ganz einfach, aber ich helfe Ihnen gerne dabei.

8

Der fünfte Schritt zur Beherrschung Ihrer Gedanken

Den Gedankenapparat abschalten

Dies ist der letzte und zugleich auch schwierigste Schritt in Ihrem kleinen Trainingsprogramm. Diesen Schritt können Sie erst dann angehen, wenn Sie bei den vier vorhergehenden Schritten einigermaßen erfolgreich waren.

Bei den meisten Menschen hat sich der Gedankenapparat verselbständigt. Nicht mehr der Mensch beherrscht diese Fähigkeit, sondern die Fähigkeit beherrscht den Menschen. Er kann seine Gedanken nicht mehr loswerden, wird nicht selten von bestimmten Gedanken terrorisiert, die ihm dann meist auch noch den Schlaf rauben. Ich habe das schon dargestellt.

Wir gesagt, die Fähigkeit des Denkens ist jene Fähigkeit, die den Menschen von allen anderen Lebewesen unterscheidet. Es ist seine herausragende Fähigkeit, die sein Überleben in dieser Schöpfung erst möglich gemacht hat. Es ist seine Alleinstellung.

Aber wenn dies schon unsere zentrale Fähigkeit ist, wenn es jene Fähigkeit ist, die unser Überleben überhaupt erst möglich gemacht hat, dann sollten wir diese Fähigkeit doch auch beherrschen und uns nicht umgekehrt von dieser Fähigkeit beherrschen lassen. Ihre zentrale Bedeutung ist doch kein Grund, sich ihr auszuliefern. Wir sind doch Herr und Meister unseres Lebens. Zumindest sollten wir es sein.

Wir sollten ein selbstbestimmtes Leben führen und nicht ein von unserem Gedankenapparat bestimmtes Leben.

Nun könnte man natürlich einwenden, dass wir es doch sind, die da denken, dass wir dadurch doch keineswegs fremdbestimmt sind. Es ist doch unser Denken. Ja und nein! Ist das wirklich „unser Denken"?

Wenn unser Gedankenapparat denkt, bedient er sich immer der bisherigen Aufzeichnungen unseres Unterbewusstseins. Diese Aufzeichnungen haben für unseren Verstand die gleiche Bedeutung, wie sie die Software für einen Computer hat.

Was in seiner Software nicht vorhanden ist, kann unser Verstand nicht denken. Ich habe dies schon am Beispiel des afrikanischen Buschmanns deutlich gemacht, dem man wohl nicht erklären kann, dass Wasser, mildes weiches Wasser, das er täglich für sein Überleben braucht, so hart werden kann wie ein Stein.

Umgekehrt aber ist das, was in unserem Unterbewusstsein gespeichert ist, die einzige beweisbare Wahrheit für unseren Gedankenapparat. Schließlich haben wir das ja genau so erlebt und nicht nur in der Zeitung gelesen.

Diese erlebten Aufzeichnungen sind aber nicht ausschließlich auf unserem eigenen Mist gewachsen. Zumindest gilt das für die elementar wichtigen Aufzeichnungen aus unserer Kindheit. Unsere Aufzeichnungen wurden bewusst konditioniert. Wir sollten so denken und handeln, wie man dachte, dass wir denken und handeln sollten. Sicher in bester Absicht. Ich will niemandem unterstellen, dass er uns schaden wollte. Alle wollten sicher nur unser Bestes.

Es geschieht nicht ohne wohlüberlegte Absicht, dass ich manche grundsätzlichen Zusammenhänge in der ein oder anderen Weise wiederhole. Sie werden verstehen, warum ich dies tue, wenn Sie den folgenden Absatz lesen.

Unser Unterbewusstsein fügt einer einmal etablierten Wahrheit bereitwillig alles hinzu, was zu dieser Wahrheit passt, und verdrängt ebenso konsequent alles, was dieser Wahrheit widerspricht.

So wird die einmal etablierte Sichtweise immer wahrer und wahrer und wir halten das, was dann dabei herauskommt, tatsächlich für unsere Meinung und für unseren Standpunkt.

Es ist enorm wichtig dass Sie diese Zusammenhänge erkennen, dass Sie erkennen, dass die Wahrheiten, die wir vor uns hertragen, nicht unbedingt auch Wahrheiten sind. Es sind lediglich die Wahrheiten, die man uns beigebracht hat und die sich dann in uns immer mehr ausgebaut und zementiert haben.

Wir dürfen unsere Wahrheiten durchaus in Frage stellen, ja wir müssen sie sogar in Frage stellen, wenn wir ein selbstbestimmtes Leben führen wollen.

Wir müssen bereit sein, das uns Aufgesetzte einzureißen und das aus unserem tiefsten Inneren Hervordrängende zuzulassen. Nur so kann etwas Neues entstehen.

Das geht aber nur dann, wenn wir unsere Gedankentätigkeit und deren Ergebnisse kritisch betrachten und hinterfragen. Wir müssen uns unseres wahren Ichs bewusst werden.

Wir sind das „un"-begrenzte geistige Wesen in diesem Körper und wir schauen auf unseren „be"-grenzten Verstand, dem für seine Tätigkeit nur unsere zwischen unserer Zeugung und jetzt entstandene Wahrheit zur Verfügung steht.

Unsere unbegrenzte Ebene äußert sich über unser Gefühl und dieses Gefühl kann nach dem Maßstab unseres begrenzten Verstandes einmal logisch und ein andermal wieder unlogisch sein. Etwas kann - mit unserem Verstand betrachtet - etwas absolut zwingend und logisch sein und doch sträubt sich unser Gefühl dagegen. Es fühlt sich für uns einfach nicht richtig an, ohne dass wir das irgendwie erklären könnten.

Umgekehrt kann sich für uns etwas als genau richtig anfühlen, obwohl unser Verstand alle logischen Argumente dagegen ins Feld führt. Wir sind in einem Zweispalt, wir sind zwischen unseren beiden Ebenen hin- und hergerissen.

In einem solchen Fall kann ich nur aus meiner eigenen Erfahrung berichten. Wenn ich einmal in einem solchen Zwiespalt war - und das bleibt im Leben wohl niemandem erspart - habe ich mich immer nach meinem Gefühl entschieden und bin dabei nie falsch gefahren. Ich habe auf meinen plappernden und besserwissenden Bedenkenträger geschaut, mich für seine Fürsorge bedankt und bin unbeirrbar meinem Gefühl gefolgt.

Wir müssen diesem Denkapparat auf die Finger schauen und immer mehr die Herrschaft über ihn antreten. Wir müssen nicht immer alles ernst nehmen, was er so von sich gibt. Er hat halt nur seine begrenzte Software.

Zur Herrschaft über unseren Denkapparat gehört auch, dass wir ihn dann einsetzen, wenn wir ihn einsetzen wollen, und umgekehrt dann abschalten, wenn wir ihn abschalten wollen. Wir müssen nicht pausenlos denken.

Es gibt Menschen, deren Gedankengerüste immer mehr zu einer absoluten Wahrheit wurden, der sie nicht mehr entrinnen konnten. Denen das Heimkino in ihrem Hirn täglich eine Privatvorstellung vorgaukelt, der sie nicht entweichen können und die mit der Wirklichkeit rein gar nichts mehr zu tun hat. Dies kann bis zum Wahnsinn oder Suizid führen. Am besten lassen wir es so weit gar nicht erst kommen. Trotzdem . . .

Ich kann die Gedanken nicht einfach abschalten „wollen".

Denn so lange ich etwas will oder nicht will, bin ich ja in dem Denken, dass ich will oder eben nicht will. Wirkliches Abschalten aber bedeutet die völlige Leere abseits jeden Wollens, bedeutet das nackte Sein ohne jede Handlungsabsicht, weder in Richtung eines Wollens noch eines Nichtwollens.

Ein wunderbarer Zustand, der Sie der Unendlichkeit und der Unbegrenztheit der Schöpfung ein wenig näher bringt. Sobald Sie dann Ihre Gedanken wieder auf etwas Bestimmtes richten, fallen Sie in die Begrenzung zurück. Aus der Unbegrenztheit fallen Sie dann in die Begrenzung des einen Punktes zurück, auf den Sie Ihre Gedanken richten.

Nun ist das keinesfalls als Aufforderung zu verstehen, gedankenlos durchs Leben zu gehen. Von dieser Sorte Menschen gibt es bereits genug und es ist keinesfalls das, was ich meine. Ich möchte Sie lediglich dahin bringen, Ihre Denkfähigkeit dann bewusst einzusetzen wenn Sie sie tatsächlich brauchen. Sie lassen doch auch nicht den Motor Ihres Autos ununterbrochen laufen, unabhängig davon, ob Sie nun mit dem Auto fahren wollen oder nicht.

Mir ist der Einstieg in die Technik des Abschaltens mit einem simplen Trick gelungen, den ich Ihnen nicht vorenthalten will. Ich habe meinem Verstand eine Aufgabe gestellt, die seine volle Konzentration auf einen Punkt verlangte, die er aber trotzdem nicht lösen konnte.

Ich habe ihn anfänglich damit zumindest für einige Sekunden - zehn bis fünfzehn Sekunden sind in diesem Sinne bereits ein beachtlicher Zeitraum - weitgehendst lahmgelegt. Nicht die feine englische Art, aber wir wollen ja auch keine vorbildlichen Untertanen ihrer Majestät werden.

Probieren Sie doch einfach einmal den gleichen Trick und machen Sie Folgendes:

Setzen oder legen Sie sich irgendwo bequem hin und stellen Sie dabei sicher, dass Sie von nichts und niemandem gestört werden. Kein Telefon, keine Türklingel, keine noch so unaufschiebbare Mitteilung Ihres Partners oder Ihrer Partnerin usw. Es gibt Sie in dieser Zeit ganz einfach nicht. Seien Sie ganz sicher, dass die Welt sich völlig unbeeindruckt von Ihrer Abwesenheit weiter drehen wird und auch Sie das überleben werden. Sie müssen nicht aufpassen.

Schließen Sie nun die Augen und beobachten Sie zunächst einmal Ihre Atmung. Verändern Sie nichts an dieser Atmung, schauen Sie einfach nur zu und machen Sie sich bewusst, dass diese lebenserhaltene Atmung ganz ohne Ihr bewusstes Zutun stattfindet. Es atmet Sie.

Wenn Sie Ihre Atmung für zwei bis drei Minuten beobachtet haben, machen Sie sich bewusst, dass Ihre Atmung so etwas wie das Tor zwischen Innen und Außen ist. Sie holen die Luft von außen in das Innere Ihres Körpers hinein und schicken Sie dann wieder in das Außen zurück.

Eine wunderbare Gelegenheit, der Atmung auf diesem Weg etwas mit ins Außen zu geben, was Sie in Ihrem Inneren nicht haben wollen.

Negative Gefühle, Ängste, Sorgen, Ärger, Druck, oder was auch immer, schicken Sie nunmehr mit der Luft hinaus aus Ihrem Körper. Und zwar fügen Sie jedem Ausatmen ein bestimmtes Thema hinzu, so, wie wenn Sie etwas in ein Paket packen und dann absenden. Vielleicht müssen Sie besonders hartnäckige und sperrige Dinge auf zwei bis drei Pakete aufteilen. Aber es drängt Sie ja niemand, Sie haben Zeit.

Wichtig wäre es, dass Sie auch eine bildliche Vorstellung von dem entwickeln, was Sie da tun. Sie fühlen, Sie sehen, Sie schauen zu und Sie wissen, dass es in diesem Moment genau so stattfindet. Sie räumen Ihr Lager auf, Sie lüften gründlich aus!

Wenn dann durch Ihre Versandtätigkeit eine gewisse Ruhe und Erleichterung eingetreten ist, greifen Sie das erste Mal bewusst in Ihre Atmung ein. Sie sind der Hausherr, Sie bestimmen jetzt den Gang Ihrer Atmung.

Und zwar bestimmen Sie, dass nach jedem Ausatmen, an das normalerweise sofort ein Wiedereinatmen erfolgt wäre, nunmehr eine Pause eintritt, die genau so lang ist, wie das erneute Einatmen gedauert hätte.

Erst nach dieser kurzen Pause atmen Sie dann wieder ein. Sie legen also einen kurzen Stopp zwischen dem Ein- und Ausatmen.

Keine Angst, Sie werden das völlig unbeschadet überleben. Ja, Sie können sogar noch weitergehen.

Nun legen Sie auch vor dem Ausatmen eine solche Pause ein. Also, einatmen – stopp – ausatmen – stopp, einatmen – stopp – ausatmen – stopp usw. usw. Auf diese Weise halbieren Sie Ihre normale Atemfrequenz und eine entsprechende Ruhe kehrt ein.

Das machen Sie bitte für ein bis zwei Minuten und geben dann die Atmung wieder völlig frei. Mag sie nun wieder gehen, wie sie will. Sie haben auch bei dieser wichtigen Funktion Ihres Körpers Ihren Herrschaftsanspruch angemeldet und durchgesetzt, das genügt zunächst einmal.

Sie liegen oder sitzen nun da und eine wunderbare Ruhe ist eingekehrt. Wenn da nicht Ihr Denkapparat immer wieder nach Beschäftigung suchen würde. Also folgen Sie seinem Verlangen und beschäftigen Sie ihn doch einfach, statt ihn zu bekämpfen.

Je mehr Sie einen Gedanken oder eine Vorstellung in Ihrem Kopf bekämpfen, desto mehr halten Sie es fest.

Klingt zunächst auch wieder einmal widersinnig, ist es aber keineswegs, und Sie werden das inzwischen leicht erkennen. Sie richten Ihre Gedankenkraft auf etwas, was Sie nicht wollen. Da es in der Schöpfung aber kein Nichtwollen, sondern nur ein Wollen gibt, ziehen Sie mit Ihren Nichtwollen-Gedanken genau das an, was Sie nicht wollen. Nicht „Die Dunkelheit soll aufhören", sondern „Es werde Licht", ist der richtige Schöpfungsakt. Schon wenn dies die einzige Erkenntnis sein sollte, die Sie aus diesem Buch mitnehmen, hat es sich für Sie gelohnt. Verzeihung, wenn ich auch dies an anderer Stelle sinngemäß schon einmal erklärt habe.

Nun zu meinem kleinen Trick auf dem Weg zu bewusstem Gedankenabschalten, nachdem Sie Ihre Atmung diszipliniert haben.

Schauen Sie mit Ihren geschlossenen Augen in einen großen, völlig dunklen Raum hinein, einen Saal, eine Halle oder was immer Sie sich vorstellen, und versuchen Sie nun angestrengt in diesem Raum – trotz der völligen Dunkelheit – irgendetwas zu erkennen.

Konzentrieren Sie sich vollkommen darauf, doch noch irgendetwas wahrzunehmen, einen Schatten, eine Kontur oder was auch immer, und lassen Sie in Ihrer Anstrengung keine Sekunde los.

Bei jedem Ausbruchsversuch Ihres Verstandes holen Sie ihn gnadenlos zur gestellten Aufgabe zurück. Schauen Sie, stieren Sie in

die Dunkelheit hinein und denken Sie erst dann, wenn Sie etwas sehen.

Wenn Ihnen dies für zehn, fünfzehn oder gar zwanzig Sekunden gelingt, haben Sie in dieser Zeit Ihre Denkfabrik völlig lahmgelegt. Sie haben die Maschine blockiert. Sie haben Sie mit etwas beschäftigt, was nicht lösbar war. Sie haben so etwas wie einen Kurzschluss ausgelöst. Rien ne vas plus – nichts geht mehr.

Nicht gerade viel, und Weltmeister werden Sie mit dieser Technik auch nicht gleich, aber es ist immerhin ein kleiner Anfang. Wenn Sie diese Technik ein wenig üben, wird sich der Zeitraum des Gedankenstillstandes allmählich vergrößern, bis Sie dann diesen etwas trickreichen Einstieg irgendwann nicht mehr brauchen und die Herrschaft über Ihren Gedankenapparat endgültig angetreten haben.

Es wird Ihnen dann keine größeren Schwierigkeiten mehr bereiten, Ihren Gedankenapparat zumindest für einen kurze Zeit abzuschalten.

Aber ich muss auch wieder eindringlich warnen.

Machen Sie sich keinen Stress aus dieser Übung, beginnen Sie keinen Kampf. Mit Willenskraft hat das nichts zu tun, damit stehen Sie sich eher selbst im Wege. Sie brauchen etwas Geduld.

Die Übung sollte spielerisch leicht geschehen. Das Resultat stellt sich erst ganz allmählich ein.

Sie können es nicht erzwingen.

9

Die Gedanken sind frei – Der große Irrtum!

Unsere Gedanken sind ebenso konditioniert, wie unser gesamtes Verhalten konditioniert ist. Unsere empfundene Freiheit bewegt sich lediglich innerhalb dieser Konditionierungen.

Natürlich können wir denken, dass uns jemand mit seinem Ansinnen den Buckel herunterrutschen kann, während wir ihm sogar zustimmend zunicken. Nicht gerade das, was man unter Wahrhaftigkeit versteht, aber unsere Gedanken kann er ja nicht sehen, unsere Gedanken sind frei.

Natürlich kann ich jemandem freundlich lächelnd die Hand reichen und dabei denken, was für ein erbärmlicher Idiot er doch ist. Er nimmt nur mein freundliches Lächeln wahr, meine Gedanken kann er nicht wahrnehmen, oder spürt er vielleicht nicht doch etwas? Unsere Gedanken sind frei.

Ich kann in einem Vortrag sitzen, ein höchst interessiertes Gesicht machen, gedanklich ganz woanders sein und darauf hoffen, dass der Redner endlich zu einem Ende findet. Ich sitze zwar hier und kann nicht anders, aber meine Gedanken sind frei und ganz woanders. Unsere Gedanken sind frei.

Aber beweisen solch einfache Beispiel die Behauptung, dass die Gedanken frei sind? Hat das etwas mit Freiheit zu tun?

Keineswegs, denn dass ich jemanden in meinen Gedanken als erbärmlichen Idioten bezeichne, während ich ihm freundlich die Hand reiche, hat etwas ganz Entscheidendes mit meinen eigenen Konditionierungen zu tun, hat etwas mit den Wahrheiten zu tun, die mir beigebracht wurden. Lediglich meine mir ankonditionierte Sichtweise lässt mich ihn als erbärmlichen Idioten bewerten. Ein anderer sieht das womöglich ganz anders. Dass ich ihn so bewerte, sagt eigentlich mehr über mich als über ihn.

Auch dass ich in einem Vortrag sitze, ein interessiertes Gesicht mache, aber gedanklich ganz woanders bin und das Ende des Vortrags herbeisehne, hat etwas mit meinen ganz persönlichen Konditionierungen zu tun und keinesfalls etwas mit der Freiheit meiner Gedanken. Andere Zuhörer wünschen sich vielleicht, dass der Redner noch etwas tiefer und ausführlicher in das Thema des Vortrags einsteigt.

Auch dass ich trotz Desinteresse ein interessiertes Gesicht mache, hat ausschließlich etwas mit meinen Konditionierungen und nichts mit der Freiheit meiner Gedanken zu tun. Warum habe ich nicht den Mut, einfach aufzustehen und zu gehen? Für mich wahrscheinlich „un"-denkbar. Wie würde das denn aussehen, was würden dann die anderen von mir denken?

Wie ich schon gesagt habe: Die sogenannte „Freiheit unserer Gedanken" bewegt sich immer nur innerhalb unserer eigenen engen Konditionierungen. Wir sehen die Welt ausschließlich aus dem Blickwinkel, den man uns beigebracht hat.

Wenn ich dabei von verbiegen, beschneiden und zurechtstutzen gesprochen habe, so habe ich etwas Ähnliches mit meinen Spalierobstbäumchen angestellt. Entschuldigen Sie dieses simple Beispiel, aber für mich ist dieser Vergleich keinesfalls abwegig, man spricht ja auch von Baum„schulen".

Ich habe junge Bäumchen mit höchstens drei bis vier noch zarten Ästchen in der Baumschule gekauft und mir schon beim Kauf überlegt, wie ich diese kleinen Äste so zurechtbiegen kann, dass der spätere Baum die Form erhält, die ich mir für ihn vorstellte. Bitte beachten Sie „Ich mir für ihn". Die Bäumchen wurden nicht gefragt, sie hatten kein Mitspracherecht.

Dieses Biegen, bei dem man die von Natur aus himmelwärts wachsenden Äste in eine waagerechte Wuchsrichtung bringt und damit den natürlichen Wuchs nach oben blockiert, ist nur bei jungen Bäumchen möglich. Ältere Äste würden beim Biegen brechen.

Natürlich ist dieses Biegen und Festzurren in die vorgesehene Wuchsrichtung nur der bescheidene Anfang. Zwei bis dreimal im Jahr entferne ich dann konsequent jeden Trieb, der in die falsche Richtung zu wachsen droht. Ich muss halt aufpassen, dass sich alles so entwickelt, wie ich es mir vorgestellt habe. Schließlich ist es ja „mein" Baum, und der hat sich nach meiner Vorstellung zu entwickeln.

Und nun steht dieser Baum da und hält es wahrscheinlich für völlig normal, dass er so dasteht, wie er jetzt dasteht. Dass er auch ganz anders hätte dastehen können, kommt ihm wahrscheinlich keinen Augenblick in den Sinn. Verzeihung, natürlich kann einem Baum nichts in den Sinn kommen, so behaupten jedenfalls die Menschen.

Sind wir nicht alle so etwas wie zurechtgeschnittene Bäumchen, die ihre gestutzten Zweige inzwischen für ihr wahres Selbst halten?

Ich habe immer mit meinen Spalierobstbäumen geredet, wenn ich ihnen wieder einmal mit der Baumschere zu Leibe rückte. Habe sie um Verzeihung gebeten und ihnen gesagt, dass dies alles nur zu

ihrem Besten geschieht, damit sie dann auch wirklich gut dastehen, genügend Licht haben und Früchte tragen – was sie dann erstaunlicher Weise auch brav getan haben – wodurch ich mich dann wiederum bestätigt fühlte. Irgendwie komisch – oder? Sie haben problemlos meine Vorstellung von ihrem Sein übernommen.

Geschieht mit unseren Kindern nicht im Prinzip das Gleiche, außer dass wir sie um Verzeihung bitten, was manchmal sicher angebracht wäre?

Natürlich haben wir sie nicht in der Baumschule gekauft, jeder Vergleich hinkt immer irgendwo. Im Fall unserer Kinder haben wir unseren eigenen Acker bestellt oder als Mann unseren eigenen Samen sprießen lassen, haben also unseren Einfluss und unseren Besitzanspruch noch etwas früher geltend gemacht.

Aber ansonsten sollten doch auch unsere Kinder genauso werden, wie wir uns das vorgestellt hatten. Wir haben doch auch an unseren Kindern herumgeschnitten, gestutzt und sogenannte Wildtriebe beseitigt, damit sie in die richtige Richtung wuchsen und Früchte trugen.

Diese Früchte in Form von Zeugnissen, Anerkennungen und Erfolgen waren dann unsere kleine Belohnung, waren das, was uns zufrieden machte. Sehr her, haben wir nicht alles getan, was möglich war . . . ?

Natürlich geht dieses Beispiel nicht immer so auf, wie ich es hier schildere. Manchmal sind die Wildtriebe stärker, bleiben im Anfang sogar unerkannt und breiten sich dann umso stärker aus. Wir sehen entsetzt, dass unser Bäumchen - nach unserem Maßstab - missrät, dass es in eine ganz andere Richtung als in die vorgesehene wächst. Wir können uns nicht mehr damit identifizieren, es ist nicht mehr unser Bäumchen, obwohl wir es doch gepflanzt haben, obwohl wir doch alles versucht haben. *Was haben wir nur falsch gemacht?*

Wenn Sie nun glauben, dass die Freiheit der Bäumchen, bei denen die Wildtriebe gesiegt haben, größer ist als bei den Bäumchen, die sich brav zurechtstutzen ließen, unterliegen Sie einem großen Irrtum.

Diese Bäumchen sind nicht freier, sie haben nur die Wuchsrichtung geändert. Mussten sie früher so wachsen, wie wir uns das vorstellten, so dürfen sie heute - ihrem eigenen Selbstverständnis folgend - keinesfalls mehr so wachsen, wie wir uns das vorstellen. Sie tun alles, um sich unserem Einfluss zu entziehen, um nur ja nicht so zu sein, wie wir es von ihnen erwarten. Totale Opposition auf allen Feldern ist angesagt.

So sein zu müssen ist die gleiche Zwangsjacke
wie nun keinesfalls mehr so sein zu wollen.

Der Mensch ist ein Herdentier und kein Einzelgänger. Er will Teil einer Herde sein, darin seinen Platz haben und - wenn möglich - geliebt und geachtet werden.

Wir können lediglich die Herde wechseln, aber freier werden wir dadurch nicht. Immer beeinflusst auch die Herde unser Verhalten.

Und so begegnen sich die Mitglieder verschiedener Herden und behaupten allesamt der einzig richtigen Herde anzugehören und in den einzig richtigen Wahrheiten zu leben. Seien es nun politische Strömungen, religiöse oder sonstige Weltanschauungen, seien es kulturelle Unterschiede, seien es regionale oder soziale Besonderheiten.

Spielen wir das doch einmal durch: Also zunächst einmal sind wir Deutsche, Österreicher oder Schweizer. So nehme ich es zumindest einmal an, wenn Sie dieses deutschsprachige Buch lesen. Aber wem genügt schon die bloße Identifikation mit einer Nation. Diese globale Identifikation genügt allenfalls gerade noch dann, wenn wir gegeneinander Fußball spielen oder wenn es um olympische Medaillen geht, aber ansonsten hätten wir es dann doch schon etwas präziser.

Wir sind entweder Nord- oder Süd- oder Ostdeutsche, Niederösterreicher, Tiroler oder Wiener, deutsch, französisch oder italienisch sprechende Schweizer. Aber auch das ist natürlich immer noch zu unpräzise, gibt uns zu wenig Unterscheidung. Unterschieden werden wollen wir natürlich, wir wollen etwas Eigenes haben - wir gehören doch nicht einfach zur Masse!

Wenn in Deutschland der sogenannte Weißwurst-Äquator die Trennungslinie zwischen Nord und Süd darstellt - wir könnten ersatzweise auch Aldi-Nord oder –Süd nehmen – dann genügt das als Unterscheidungsmerkmal natürlich in keiner Weise. Was heißt hier Norddeutsche? Wir sind Hamburger, Friesen, Berliner oder was auch immer.

Was heißt hier Süddeutsche? Wir sind z.B. Bayern! Aber sind die Franken dann auch Bayern? Natürlich, wenn wir die Zugehörigkeit zum Freistaat Bayern nehmen, aber stellen Sie mal einem gewachsenen Oberbayern diese Frage. Für ihn ist Franken schon so etwas wie fernes Ausland. Niederbayern mag ihm da gerade noch integrationsfähig erscheinen, aber bei den bayerischen Schwaben (von Augsburg abwärts gegen Norden) wird es schon schwieriger, und was machen wir dann mit den Allgäuern?

Und so wird immer weiter unterschieden und immer weiter unterteilt, bis uns niemand mehr unseren Platz und unsere Alleinstellung streitig machen kann, und das geht dann letztendlich bis in die Familien eines Dorfes hinein. Sind wir aus dem Ober- oder Unterdorf, aus dem Neubaugebiet vielleicht, gehören wir der CSU an oder gehören wir gar zu den Sozis, sind wir katholisch, evangelisch oder vielleicht sogar gar nichts? Höchst verdächtig – so a Mensch, der „koanen Gott net hot"!

Wenn immer unser Verstand tätig wird, über etwas nachdenkt, bewertet und dann zu einer Handlungsempfehlung kommt, arbeitet er aus der eingeschränkten Perspektive unserer gewachsenen und ankonditionierten Identifikation und das bezeichnen wir dann als die „Freiheit unserer Gedanken". Warum beschäftige ich mich so ausführlich mit diesen Mechanismen?

Ich möchte, dass Sie die Relativität Ihrer eigenen Maßstäbe und der daraus erwachsenen Gedanken und Bewertungen ebenso erkennen, wie Sie die Relativität der Gedanken und Maßstäbe anderer Menschen erkennen.

Niemand ist im Besitz einer allein gültigen Wahrheit.

Wenn wir diese Erkenntnis verinnerlichen, wird es nicht nur in uns selbst etwas ruhiger und friedlicher, auch die Welt, in der wir leben - unsere Welt - wird etwas friedlicher und ruhiger. Wir kämpfen nicht mehr an den falschen Stellen. Wir finden immer mehr zu meinem geliebten „Wer´s mog“.

Der eine isst seine Weißwurst mit der Pelle, weil er das von der Bratwurst so gelernt hat, der andere „zuzelt“ sie aus, wie man das in Bayern nennt (auslutschen), und wieder ein anderer zerteilt sie mit Messer und Gabel der Länge nach in zwei Hälften und legt den Inhalt geschickt frei. Was ist nun richtig?

Mag einer die Welt sehen, wie er will . . . mag einer mich sehen, wie er will . . . mag einer seine Weißwurst essen, wie er will . . . es ist allein seine Sache. Er hat seine Sicht und seine Gewohnheiten und ich habe meine Sicht und meine Gewohnheiten.

Solange wir uns dies gegenseitig zugestehen und nicht damit beginnen, uns gegenseitig von der alleinigen Richtigkeit unserer Sicht und unserer Handlungsweise überzeugen zu wollen, befinden wir uns in bester Harmonie.

Das heißt nun keineswegs, dass wir meinungslos werden sollen, dass uns alles egal sein soll. Damit wäre das, was ich hier aufzeigen will, völlig missverstanden. Wir haben unsere Meinung, wir haben unseren Standpunkt, wir stehen zu unserem „So-Sein“, aber wir wissen auch von der Möglichkeit, dass alles auch genau anders sein könnte.

Wir stellen keinen Wahrheitsanspruch und lassen auch keine anderen Wahrheitsansprüche gelten. Sehen Sie, das ist dann wirklich ein Stück Freiheit.

Wirkliche Freiheit
beginnt mit der Freiheit,
sich auch selbst in Frage zu stellen.

Wohl eine der schwierigsten Übungen. Wenn Sie Lust haben, diese Übung einmal in Angriff zu nehmen, lesen Sie den letzten Teil dieses Buches. Ich könnte aber auch verstehen, dass Sie mit den Übungen eins bis fünf im Moment schon genug zu tun haben und erst später mit diesem nächsten Schritt anfangen wollen.

Gründlichkeit sollte in jedem Fall vor Schnelligkeit gehen.

TEIL II

Zum Beobachter der eigenen Komödie werden

10

Die Zweipoligkeit des Menschen

Wie ich gesagt habe, ist der Mensch ein Wesen auf zwei völlig verschiedenen Ebenen, der unbegrenzten geistigen Ebene und der begrenzten körperlichen Ebene.

Etwas, was von Natur aus unvereinbar ist - begrenzt und unbegrenzt - wird in der Einheit Mensch zusammengeführt. Ich möchte auf diese Problematik an dieser Stelle noch einmal etwas tiefer eingehen, weil das Verständnis dieser Zwiespältigkeit so etwas wie der zentrale Schlüssel auch zum Verständnis unserer eigenen Denk- und Verhaltensstrukturen ist.

Ich habe auch deutlich gemacht, dass schon allein aus dieser Konstruktion heraus genügend innerer Zwiespalt und Konfliktstoff in einem Menschen gegeben ist. Eine gehörige Portion Zerrissenheit ist bereits in uns angelegt. Sie muss nicht erst von außen kommen.

Der Mensch kann es sich nicht einfach gemütlich machen. Seine Konstruktion ist schon aus sich heraus ungemütlich.

Dies legt zunächst einmal die Frage nahe, ob dann diese etwas seltsame Konstruktion Mensch so etwas wie eine Fehlentwicklung ist? Etwas zu schaffen, was schon von vorneherein einen Konfliktstoff in sich trägt, scheint auf den ersten Blick ja nicht gerade sinnvoll, perfekt oder gar meisterhaft.

Hat Gott, (wen oder was auch immer wir uns unter diesem Begriff vorstellen und wenn wir ihn dann auch noch als die hinter der Schöpfung stehende Ursache sehen) dann ausgerechnet beim Menschen einen Fehler gemacht? Hat er ausgerechnet hier Pfusch abgeliefert, hat ihm ausgerechnet hier der klare Durchblick gefehlt. Wollte er dem Menschen - vielleicht in bester Absicht - mehr mit auf den Weg geben, als er nun tatsächlich verkraften kann, oder hat das Ganze einen tieferen Sinn, den wir aber noch nicht so ganz durchschauen?

Ich weiß nicht, wie Sie darüber denken, aber wenn ich das gesamte Wunderwerk der Schöpfung betrachte, wenn ich sehe, wie alles im Universum mit der Präzision eines Schweizer Uhrwerks ineinandergreift (damit sind wir wieder einmal bei meinem Lieblingsthema), wie komplett und ausgewogen die Tier- und Pflanzenwelt dieser Erde ist - solange der Mensch nicht dazwischenfunkt - dann kann und mag ich nicht glauben, dass das, was wir unter dem Begriff Gott verstehen, ausgerechnet beim Schöpfungsplan des Menschen einen Fehler gemacht haben soll.

In der christlichen Bibel steht doch sogar, dass Gott den Menschen nach seinem Bilde schuf, wie immer man das auch auslegen mag. Mit dem äußeren Bild des Menschen hat diese Aussage wohl sicher nichts zu tun.

Der Mensch wurde ja auch nicht plötzlich so in diese Welt hineingestellt, wie er nun heute dasteht. Er hat sich erst in seiner Entwicklung zu dem gemausert, was er heute ist. Diese Entwicklung ist noch lange nicht abgeschlossen.

Wir stecken mitten in dieser Entwicklung, wobei ich Ihnen natürlich nicht sagen kann, ob wir wirklich in der Mitte stehen, vielleicht erst am Anfang, vielleicht schon nahe am Ende oder wo auch immer. In der Entstehungsgeschichte dieser Erde ist der Mensch noch eine relativ junge Erscheinung.

Die Schöpfung ist ein
immerwährender Prozess,
der keine Sekunde stillsteht.

Zeit spielt dabei keine Rolle. Es gibt keine Zeit. Wie könnte es in einer Unendlichkeit so etwas wie Zeit geben? An was sollten wir diese Zeit bemessen? Wo würde sie anfangen und wo würde sie enden?

Aber wenn nun der Mensch keine Fehlentwicklung ist, dann muss doch sein Hin- und Hergerissensein zwischen zwei Ebenen einen Sinn machen.

Kein anderes Lebewesen lebt in einer solch inneren Gegensätzlichkeit. Warum muss dann ausgerechnet der Mensch in diesem Zwiespalt leben?

Mal bremst die begrenzte körperliche Ebene die unbegrenzte geistige Ebene aus und mal ist es umgekehrt. Der Geist ist willig, das Fleisch ist schwach, und dann wieder umgekehrt. Mal fühlen wir intuitiv, etwas unbedingt so tun zu müssen, und der begrenzte Verstand zerlegt dann dieses Gefühl so lange, bis nichts mehr davon übrig bleibt und wir am Ende gar nichts tun.

Aber klären wir zunächst einmal die Begriffe, damit wir nicht aneinander vorbeireden.:

*

Unsere begrenzte Ebene ist ganz klar mit unserer körperlichen Erscheinung gleichzusetzen. Diese existiert lediglich zwischen Zeugung und Tod, hat also einen Anfang und ein Ende, was sicher niemand bestreiten wird. Mir ist jedenfalls nicht bekannt, dass es bisher jemandem gelungen wäre, dieses unausweichliche Ende der körperlichen Materie zu umgehen. Geboren - gestorben, die unwiderruflichen Eckdaten einer begrenzten körperlichen Erscheinung. Mit Beginn unseres körperlichen Werdens steht das Vergehen bereits fest.

Unsere unbegrenzte geistige Ebene hingegen hat schon vor unserem Körper existiert und wird auch nach der kurzen Existenz unseres Körpers weiter existieren, ist also ohne Anfang und ohne Ende, oder sie wäre nicht unbegrenzt.

Unser unbegrenztes geistiges Sein ist das, was unseren Körper lebendig macht, ist das, was diesen Körper beseelt. Es ist eine Manifestation der allumfassenden göttlichen Quelle, eine Manifestation der allumfassenden Ursubstanz, wie es zum Beispiel der von mir sehr geschätzte Willigis Jäger in seinem Buch „Anders von Gott reden" ausdrückt.

Allerdings gibt es viele Menschen, die die Existenz eines solch unbegrenzten Elements ablehnen. Für sie gilt nur das, was man sehen und nachprüfen kann, und körperlosen Geist kann man nun einmal ebenso wenig sehen und nachprüfen, wie man Gott sehen und nachprüfen kann. Selbst der sonst so allmächtige deutsche TÜF wäre da überfordert.

Das, was wir unter Gott verstehen, ist selbst gestaltlos, ist körperlos, auch wenn wir uns so gerne ein anschaubares Bild von Gott schaffen würden. Jedenfalls hätte dann unser Verstand etwas Greifbares. Gott manifestiert sich in seiner Schöpfung und bleibt selbst unmanifestiert. Gott lebt sich in seiner Schöpfung und auch wir sind eine Manifestation dieser göttlichen Urquelle, und zwar in einer ganz besonderen Weise.

Wir tragen durch unser Sein auf der unbegrenzten Ebene die gleiche geistig-göttliche Schöpferkraft in uns. Zwar nur im Miniformat, wenn wir das mit der allumfassenden göttlichen Quelle vergleichen, aber es reicht immerhin, zum Schöpfer unserer eigenen Lebensumstände zu werden. Wir sind göttlicher Natur, aber wir sind nicht Gott, wie einige Narren behaupten.

Goethes Faust ist nicht Goethe, er ist lediglich „Goethe´scher Natur", er entsprang Goethes Geist, er trägt den Geist Goethes in sich, nicht mehr, aber auch nicht weniger.

Unser Verstand ist eine Einrichtung unseres begrenzten materiellen Körpers und damit keinesfalls mit Geist gleichzusetzen, etwas, was leider immer wieder verwischt wird. Unsere Denkfähigkeit, die von unserem Hirn ausgeht, endet mit dem Tod unseres Körpers. Alles, was wir unserem Verstand so mühsam eingepaukt haben, erlischt unwiderruflich in dem Moment, in dem die Durchblutung unseres Hirns aufhört.

Unser Verstand braucht zu seiner Tätigkeit immer einen Auslöser oder er wird nicht tätig. Dieser auslösende Impuls kann von der begrenzten körperlichen, wie auch von unserer unbegrenzten geistigen Ebene ausgehen.

Unsere Gefühle sind so etwas wie ein Zwischending zwischen begrenzt und unbegrenzt. Auch sie können von jeder der beiden Ebenen des Menschen ausgelöst werden, stellen sich aber meist noch vor Tätigwerden unseres Verstandes ein. Ein Gefühl entsteht und der Verstand beginnt zu analysieren.

Das sogenannte Bauchgefühl ist dabei typisch für eine Auslösung aus der unbegrenzten geistigen Ebene. Starke Gefühle wie Zorn oder Angst sind typisch für eine Auslösung aus der begrenzten körperlichen Ego-Ebene.

Nun habe ich hier eine sehr vereinfachte Begriffsdefinition vorgenommen. Mann kann diese natürlich immer wieder unterteilen, dann das Unterteilte noch einmal unterteilen und wieder und wieder unterteilen, bis auch der letzte Rest der Klarheit beseitigt ist. Das würde dann wahrscheinlich sehr wissenschaftlich anmuten. Wahrer und klarer würde das, was ich hier aufgezeigt habe, dadurch aber leider nicht. Versuchen wir es also weiterhin so einfach wie möglich zu halten.

Wahrheiten
sind immer ganz einfach.
Wahrheiten,
die nur kompliziert zu erklären sind,
sind meist keine Wahrheiten.

Mit der außergewöhnlichen Kombination von begrenzt und unbegrenzt, die allein im Menschen verankert ist, hat der Schöpfer uns so etwas wie eine Alleinstellung in der uns bekannten Schöpfung gegeben.

Aber können wir auch wirklich wissen, dass es so ist, können wir uns da wirklich sicher sein? Wie kann zum Beispiel ich als Autor, der dieses Buch schreibt, so etwas wissen? Wie kann ich das, was ich hier sage, beweisen? Nun benutze ich hier ganz bewusst die Ausdrücke „wissen und beweisen".

Ich kann es natürlich nicht als Leistung meines begrenzten menschlichen Verstandes wissen oder gar wissenschaftlich beweisen, aber ich kann es fühlen als Empfindung meiner unbegrenzten geistig-seelischen Ebene und ich kann es in meinem täglichen Leben erfahren und in eben diesen Erfahrungen die Beweise sehen. Aber das geht nicht mit dem begrenzten Verstand. Nur unsere unbegrenzte geistig-göttliche Ebene findet hier einen Zugang.

Hier können wir nun zum erstenmal unsere Zwiespältigkeit ganz bewusst nutzen. Wir haben auf der unbegrenzten geistigen Ebene ein Wissen, das unserer begrenzten körperlichen Verstandesebene verschlossen bleibt. Sobald wir beginnen, logisch über Gott nachzudenken, begeben wir uns auf die falsche Ebene.

Wir haben zwei Arten des Wissens:
das intuitive Wissen
und das logisch aufgebaute Wissen.

Albert Einstein sagte zum Beispiel, dass er seine Erkenntnisse über das All nicht durch logisches Nachdenken hat, und das ist durchaus erklärbar. Was ihm da klar wurde, was da plötzlich offen vor ihm lag, war so etwas wie eine Vision, Intuition, Erleuchtung oder wie immer wir es nennen mögen.

Der Schleier der Maya, wie man das in der Mystik nennt, wurde ihm gelüftet. Mit einem logisch aufgebauten Wissen hätte er eine bestimmte Grenze nie überschreiten können. Auf was hätte diese Logik aufbauen sollen? Logik fügt immer nur einen Stein dem anderen hinzu.

Das, was Einstein klar wurde, das, was dann offen vor ihm lag, hat er dann versucht in Worte zu fassen, also aus der unbegrenzten Ebene in die begrenzte logische Ebene zu transferieren, weshalb das Ganze so schwer verständlich ist.

Es ist, als wenn man die wunderbare Schwingung einer Musik logisch erklären wollte. Niemand kann es schaffen, einem von Geburt an tauben Menschen mit Mitteln der Logik zu erklären, was Musik ist. Ist die grün oder blau, schwer oder leicht, kalt oder warm oder . . . oder . . . ?

Wir können intuitiv fühlen, wir können intuitiv wissen, dass es eine übergeordnete Macht gibt, die wir als Gott bezeichnen, wir können sogar fühlen, dass wir geführt und geschützt werden, aber wir können es nicht logisch erfassen oder gar erklären.

Sobald wir unseren Verstand zum Versuch einer Gotteserklärung einsetzen, wird dieser Verstand tausend Gründe finden, warum es eigentlich gar keinen Gott geben kann. Denn wenn es so etwas wie einen Gott gäbe, wenn es dann sogar auch noch ein „lieber Gott" sein soll, wie könnte er dann zulassen, dass . . . ?

Wie kann er dann zulassen, dass ein vierjähriges kleines Mädchen – das doch niemandem etwas getan hat – qualvoll an Krebs stirbt? Wie kann er zulassen, dass kleine Kinder sexuell missbraucht und gequält werden? Wie kann er zulassen, dass unschuldige Menschen in Kriegen so unsäglich leiden? Wie kann er zulassen, dass Kinder mit aufgeblähten Bäuchen und leeren Augen dastehen und verhungern, während andere unter Überfettung leiden und deshalb vom schulischen Sportunterricht befreit werden müssen? Wie kann er die Ungerechtigkeit zulassen, die uns selbst in unserem Leben widerfährt?

Wo ist hier eine gerechte und übergreifende göttliche Ordnung erkennbar? Und doch geschieht nichts zufällig und nichts geschieht ohne Sinn.

Die uns bekannte Schöpfung Erde (andere mögliche Schöpfungen im unbegrenzten Universum kennen wir nicht) ist im Prinzip der Polarität angelegt. Alles hat zwei gegensätzliche Pole. Jeder Begriff, den wir kennen, bekommt seine Bedeutung erst durch seinen gegensätzlichen Pol. Hell-dunkel, laut-leise, schnell-langsam, heiß-kalt, hoch-tief, männlich-weiblich, ehrlich-unehrlich, Liebe-Hass, Krieg-Frieden usw. usw.

Selbst das kleinste Atom – als Baustein der Materie – besteht aus negativ und positiv geladenen Teilchen, und beim Menschen haben wir bereits die grundsätzliche Polarität zwischen begrenzt und unbegrenzt festgestellt. Es gibt in dieser Schöpfung nichts ohne einen entsprechenden Gegenpol.

Wenn wir beim Menschen die Polarität zwischen begrenzt und unbegrenzt feststellen, dann ist dies genau das, was uns von allen anderen Mitlebewesen unterscheidet. Es ist ein göttliches Geschenk, wir müssen dieses Geschenk nur auspacken und annehmen.

Zwei gegensätzliche Pole sind
immer nur die extremen Enden
derselben Sache.

Nehmen wir als Beispiel einmal die Begriffe heiß und kalt. Wenn wir eine zehn Meter lange Eisenstange nehmen und diese Stange auf der einen Seite zum Glühen bringen, bis das Eisen zu tropfen beginnt, und dann diese Stange auf der anderen Seite so tief abkühlen, wie es uns auch immer nur möglich ist, dann sind und bleiben diese beiden Seiten immer nur die extremen Enden ein und derselben Sache, nämlich unserer Eisenstange. Es ist wichtig, dass Sie das wirklich verstehen, dass Sie erkennen, dass auch Liebe und Hass miteinander verbunden sind.

Irgendwo in der Mitte unserer Eisenstange gibt es dann einen Punkt, den wir von seiner Temperatur her als angenehm empfinden würden, den wir gerne anfassen, auf dem wir uns sogar gerne niederlassen würden. Das einzige Problem dabei ist, dass dieser Punkt sich unentwegt verschiebt. Nimmt die Hitze auf der einen Seite ab, verbreitet sich die Kälte in Richtung der nun nachgebenden Hitze und natürlich ebenso umgekehrt.

Das heißt, dass jede Veränderung auf der einen Seite eines Pols auch die andere Seite der Polarität berührt, und diese Polarität strebt von Natur aus immer wieder nach Ausgleich.

Wir können das Schöpfungsprinzip der Polarität nicht dadurch abschaffen, dass wir uns nur noch auf einen Pol konzentrieren, wir würden dadurch auch den anderen Pol aktivieren.

Wenn wir zum Beispiel ab sofort beschließen würden, alle Menschen und auch alle anderen Mitlebewesen nur noch zu lieben und ihnen Gutes zu tun, dann bliebe auch dies nicht ohne Auswirkung auf den Gegenpol. Einige würden uns genau dafür hassen und bekämpfen.

Also, die esoterischen Schwärmer, die nur noch Liebe und Güte verbreiten wollen, befinden sich auf einem Holzweg. So etwas ist auf Dauer nicht einmal zwischen zwei Menschen möglich. Auch an denen zerrt die Polarität und lässt sie Höhen und Tiefen gleichermaßen erleben. Wohl dem, der auch dabei immer wieder zu einem Platz in der Mitte der Eisenstange zurückfindet. Dies würde die Scheidungsrate ganz erheblich senken.

Was sich zwischen zwei Menschen abspielt, spielt sich in gleicher Weise zwischen zwei Familien, zwei Dörfern oder Städten, zwei Ländern, zwei Kulturen, Religionen oder auch zwei Kontinenten ab. Im Größten wie im Kleinsten, wir innen so außen, wie oben so unten. Die Polarität dieser Schöpfung Erde ist immer und überall gleichermaßen wirksam.

Nun werden Sie sich am Ende dieses Kapitels fragen, was das nun alles mit dem Thema dieses Buches, der Beherrschung unserer Gedanken, zu tun hat. Seien Sie unbesorgt, es hat eine ganze Menge damit zu tun, und dies werden Sie auf den folgenden Seiten sehr schnell erkennen.

11

Welche Ebene dominiert unser Leben?

Nach meiner Erfahrung werden über neunzig Prozent der Menschen von ihrer begrenzten körperlichen Ebene beherrscht. Sie sehen allein darin ihr Ich und identifizieren sich völlig mit diesem sichtbarem Ich. *Wie sehe ich aus, wie stehe ich da, was denkt man über mich, wie werde ich geachtet, wie komme ich an, welche Position habe ich usw.?*

Dieses begrenzte körperliche Ich ist wie das Ziffernblatt einer Uhr. Ein Ziffernblatt zeigt nach außen etwas an, macht nach außen etwas ablesbar, was im nicht sichtbaren Inneren bewirkt wird. Das dahinter liegende Werk, das, was die Anzeige des Ziffernblatts bewirkt, ist nicht erkennbar. Trotzdem lässt ein solches Ziffernblatt zumindest bestimmte Schlüsse auf das dahinterliegende Werk, auf den dahinterliegenden Antrieb zu.

Es gibt klar und sachlich strukturierte Ziffernblätter, verspielte und verschnörkelte, aufgemotzte, dunkle oder helle Ziffernblätter, runde oder eckige, prahlerische oder eher bescheiden anmutende Ziffernblätter, und das ist mit dem Gesicht eines Menschen nicht viel anders.

Auch das Gesicht eines Menschen ist so etwas wie ein Ziffernblatt, von dem man vieles ablesen und auf den dahinterliegenden Antrieb schließen kann. Und auch hier ist nicht immer das, was golden glänzt, dann auch wirklich Gold. Auch hier sind ausgesprochen geschickte Fälschungen im Umlauf und ich hoffe für Sie, dass Sie noch nie auf solche Fälschungen hereingefallen sind, weder bei den Uhren noch bei den Menschen.

Ähnlich wie beim Menschen gibt es auch bei den Uhren Zifferblätter, die unschwer erkennen lassen, dass der dahinterliegende Antrieb schon etwas vergammelt oder sogar defekt sein muss. Es sind zwar immer noch Ziffernblätter, aber dahinter ist nichts als Leere. Dahinter funktioniert nichts mehr.

Aufpolierungsversuche aller Art schaffen bei solchen Erscheinungen keine wirkliche Abhilfe, man müsste sich schon mit dem Werk selbst beschäftigen und es neu ausrichten oder zur Gänze ersetzen. Trotzdem, auch eine stillstehende Uhr zeigt zweimal am Tag die richtige Zeit. Es kommt also auch immer auf den Zeitpunkt unserer Betrachtung an und auch das ist beim Menschen nicht anders.

Wenn wir auf einem Bahnsteig stehen und die nach der Atomuhr in Braunschweig funkgesteuerte Bahnhofsuhr exakt 11.32 Uhr anzeigt und ich Ihnen in diesem Moment eine defekte Uhr verkaufe, die bei 11.32 Uhr stehen geblieben ist, oder deren Zeiger ich schnell auf 11.32 Uhr gestellt habe, haben Sie zunächst das sichere Gefühl, etwas sehr Zuverlässiges erworben zu haben. Alles ist eben relativ.

Schadlos bleiben Sie, wenn Sie die gleiche Uhr wieder in der gleichen Art verkaufen. Für eine dabei klammheimlich aufkommende innere Genugtuung müssen Sie sich keineswegs schämen. Ich weiß natürlich, dass Sie und auch ich so etwas nie tun würden. Wie konnte ich nur so etwas schreiben?

Nun gibt es bei den Uhren sogenannte Automatik-Kaliber, die sich allein durch die Bewegungen des Armes ihres Trägers oder ihrer Trägerin immer wieder automatisch aufziehen. Eigentlich doch sehr praktisch, denn man braucht weder daran zu denken, die Uhr aufzuziehen, sie jedes Mal neu auf die richtige Uhrzeit einzustellen, noch benötigt ein solches Werk einen Batteriewechsel. Wie gesagt, es zieht sich automatisch auf.

Auch der Mensch hat so etwas wie eine Automatik, die seinen Gedankenapparat in Gang hält und ihn immer wieder in der einmal programmierten Richtung aufzieht. Auch diese menschliche Automatik reagiert ebenfalls auf die Bewegungen im Außen.

Zunächst wird ein Gedanke in Bruchteilen von Sekunden ausgelöst, dem dann – mit einer gewissen zeitlichen Verzögerung – eine entsprechende Reaktion folgt: Zustimmung, Abwehr, Distanzierung, Flucht, Neutralisierung oder was auch immer.

Testen Sie doch einmal die Richtung Ihres Gedankenapparats, testen Sie einmal Ihre ganz persönlichen Reaktionen, testen Sie doch einmal Ihre ganz persönliche Automatik an folgenden Beispielen.

Was denken Sie ganz spontan beim Begriff „Islam"?

Was denken Sie beim Begriff „Polizei"?

Was denken Sie beim Begriff „Liebe"?

Was denken Sie beim Begriff „Unfall"?

Was denken Sie beim Begriff „FC Bayern"?

Was denken Sie beim Begriff „Wäsche"?

Dies sind völlig beliebige Begriffe aus dem täglichen Leben, eine Liste, die wir unbegrenzt erweitern könnten. Schauen wir uns diese Begriffe und Ihre Reaktion darauf doch einmal etwas genauer an.

Das, was Sie als Ihre erste Reaktion, das, was Sie als Ihren ersten Gedanken feststellen können, sagt immer etwas über Ihre ganz persönlichen Konditionierungen, über Ihre ganz persönliche Automatik aus. Diese Automatismen sind im Archiv Ihres Unterbewusstseins tief verankert Sie können gar nicht anders, als spontan in eine bestimmte Richtung zu denken. Ihr Urwerk ist so kalibriert, wie es ein Uhrmacher bezeichnen würde.

Aber auch hier müssen wir zunächst wieder eine Begriffsdefinition vornehmen, damit wir nicht aneinander vorbeireden. Wir haben bisher von der begrenzten und der unbegrenzten Ebene des Menschen gesprochen, aber was ist dann im Vergleich zu diesen beiden Ebenen die unbewusste Ebene, die ich hier ins Spiel bringe? Was ist dann das Unterbewusstsein oder gar das Archiv des Unterbewusstseins, wie ich es gerade angesprochen habe? Ist das dann insgesamt so etwas wie eine dritte Ebene? Nein!

Das Unterbewusstsein eines Menschen gleicht einem riesigen Archiv, in dem alle *mental prägenden Erlebnisse* fein säuberlich gespeichert sind. Gespeichert wird dort nicht so sehr das tatsächliche Geschehen, sondern vielmehr das, was ein Ereignis oder eine Erfahrung für den jeweiligen Menschen bedeutet haben.

Das Unterbewusstsein ist also so etwas wie ein mentales Gedächtnis. Aus diesem mentalen Gedächtnis heraus erfolgt unsere jeweilige Reaktion - und zwar blitzschnell und ohne unseren bewussten Zugriff.

Das normale Gedächtnis, das mehr das tatsächliche Geschehen speichert, also nicht vordergründig seine emotionale Bedeutung, ist in seiner Arbeit viel langsamer. Oft müssen wir überlegen und mühsam wieder etwas zusammenkratzen - wie war das doch noch . . ?

Die Polizei erlebt das immer wieder, wenn sie verschiedene Zeugen zum Hergang eines Unfalls befragt. Alle haben den gleichen Unfall gesehen, aber jeder berichtet aus einem anderen Gesichtswinkel, und dieser Gesichtswinkel entstand durch die spontane Reaktion des Unterbewusstseins, das den Vorgang in eine bestimmte Schublade einordnete: *Der Raser - der Alte sollte längst den Führerschein abgeben - typisch Frau am Steuer - immer die Jungen, die sich selbst überschätzen - typisch Angeber mit seinem Sportschlitten - mehr PS als IQ usw.*

Diese spontane Schubladeneinordnung bestimmt dann den gesamten Blickwinkel, aus dem heraus wir ein Geschehen betrachten und kommentieren. Es ist also nicht einfach das Geschehen, das es zu dem macht, was es ist. Erst unser Schublade versieht das Geschehen mit einer Bewertung in diese oder jene Richtung.

Schauen wir uns ein anderes Beispiel an. Wenn Sie eine verletzende Zurückweisung erlebt haben oder wenn man Ihnen vielleicht schon als Kind beigebracht hat, dass Sie etwas Bestimmtes nie erreichen werden, da Sie dazu einfach zu dumm sind, dass Sie dazu kein Talent haben, dass Sie nun einmal zu den sogenannten „kleinen Leuten“ gehören, die es nie zu Reichtum und Wohlstand bringen werden, dann wird *nicht die konkrete Situation* des Moments gespeichert, in der Ihnen das jemand so beigebracht hat, sondern seine inhaltliche Bedeutung: *„Ich bin zu dumm, ich werde es nie schaffen“* wird dann zu Ihrer Wahrheit, wird dann zu Ihrer Automatik, die sich bis aufs Ziffernblatt überträgt.

Wenn Ihnen dann jemand Mut machen will und Ihnen sagt, dass Sie doch ein hochintelligenter Mensch sind, der so etwas sicher mit Leichtigkeit schafft, dann halten Sie diesen Menschen höchstens für inkompetent oder überlegen, was der wohl mit seiner Schleimerei bei ihnen erreichen will.

Wenn dann später noch weit verbreitete Sprüche hinzukommen, wie z. B., „dass der Teufel immer nur auf einen großen Haufen scheißt“ und „die Kleinen immer klein bleiben“, dann werden auch diese dummen Sprüche den ersten Speicherungen hinzuaddiert und diese werden dadurch immer mehr zu Ihrer unumstößlichen und automatischen Wahrheit. Dies ist ein lebenslanger Prozess.

**Ihr Unterbewusstsein addiert einer
einmal geprägten Wahrheit alles hinzu,
was dieser Wahrheit entspricht,
und blockiert alles,
was diese Wahrheit in Frage stellen könnte.**

So werden einmal gefundene Vorurteile und Scheinwahrheiten mit der Zeit immer wahrer und wahrer, bis wir dann im Extremfall bereit sind, uns zur Verteidigung unserer gewachsenen Wahrheiten gegenseitig die Köpfe – oder bleiben wir bei den Ziffernblättern – einzuschlagen.

Die Aufzeichnungen unseres Unterbewusstseins beginnen bereits unmittelbar nach der Zeugung und enden mit dem Tod. Da das Unterbewusstsein also lediglich zwischen Zeugung und Tod existiert, würden wir es logischerweise zunächst einmal der begrenzten Ebene zuordnen.

Aber vielleicht ist es auch so etwas wie ein Zwischending. Eine wissenschaftlich exakte Definition ist meines Wissens noch niemandem gelungen und ich versuche es erst gar nicht. Es würde uns auch nicht sehr viel weiterbringen.

Vielleicht wundern Sie sich über meine Feststellung, dass die Aufzeichnungen unseres Unterbewusstseins bereits unmittelbar nach unserer physischen Zeugung entstehen. In diesem Moment ist ja noch kein Hirn, das so etwas wie ein Gedächtnis beinhalten könnte, vorhanden, und trotzdem wird schon aufgezeichnet. Das wiederum bestärkt mich in der Annahme, dass das Unterbewusstsein wohl nicht allein der begrenzten körperlichen Ebene zuzuordnen ist.

Stellt zum Beispiel eine Frau mit Schrecken fest, dass sie schwanger ist, und versucht dann alles, diese von ihr als Unglück bewertete Schwangerschaft abzubrechen, dann gehört so etwas zweifellos zu den ersten gravierenden Erfahrungen, die im Unterbewusstsein des gezeugten Babys (obwohl ja noch kein funktionsfähiges Hirn vorhanden ist) gespeichert werden:

„Ich bin ein Unglück, ich habe kein Recht zu leben, ich werde nicht erwartet oder gar geliebt, ich soll besser verschwinden."

Dies sind energetische Übertragungen. Ein Embryo erlebt das Schwingungsfeld der werdenden Mutter voll mit. Die bei eventuell mit Hausmitteln versuchten Abtreibungen und dabei erlebten physischen Todesängste sind dann die ersten Aufzeichnungen im Unterbewusstsein dieses werdenden Menschen. Ein später mutiger und selbstbewusster Mensch kann dann aus einer solchen Ur-Erfahrung wohl kaum entstehen.

Nicht selten ergeben sich dann daraus auch recht schwierige Geburten. Das Baby möchte lieber nicht geboren werden, legt sich quer, legt sich die Nabelschnur um den Hals und verweigert auch sonst jede Mithilfe.

Sicher wissen Sie, dass es möglich ist, einen Menschen - in einer tiefen Entspannung - in seine sehr frühen Lebensphasen zurückzuführen. Aus meiner Praxis möchte ich kurz über den Fall einer Dame aus einem Nachbarort berichten. Sie erlebte in einer solchen Rückführung noch einmal unsägliche Todesängste als spitze Gegenstände auf sie zukamen und sie sich in den äußersten Winkel ihres kleinen Lebensraums im Bauch der Mutter zurückzog, um nicht getroffen zu werden. Etwas, was Gynäkologen auch heute immer wieder bei einer Fruchtwasserentnahme beobachten können, wenn eine Nadel die Haut der Fruchtblase durchbricht.

In ihrem jetzigen Erwachsenenleben war diese Dame ein Bündel aus Angst und Selbstzweifeln. Sie versuchte „unbewusst" die frühe Speicherung ihrer fehlenden Lebensberechtigung, des „Nichtgewolltseins", durch Leistung zu kompensieren. Sie tat immer mehr als andere, war natürlich schon in der Schule die Beste, half, wo immer sie nur konnte, war eine perfekte und überbesorgte Mutter und stand auch in einem kleinen handwerklichen Familienbetrieb ihren Mann.

„Seht her, ich bin doch etwas wert, man kann mich doch lieb haben, ich tue doch alles, was man von mir erwartet". Unbewusst!

Ein lebenslanges Buhlen nach ehrlicher Anerkennung und Gemochtwerden, bis dann der unvermeidliche Zusammenbruch kam, denn ein solch brüchiges Lebensfundament, das täglich einen überdimensionalen Energieeinsatz verlangt, lässt sich auf Dauer nicht überspielen.

Verzeihen Sie mir diesen kleinen Abstecher, aber ich glaube, dass das, was ich hier darlege, durch solche Beispiele aus der Praxis ein wenig verständlicher wird.

Unser irdisches Leben beginnt
nicht erst mit unserer Geburt,
es beginnt mit unserer Zeugung.

Es beginnt in dem Moment, wo unsere unbegrenzte geistig-göttliche Ebene das Angebot eines werdenden physischen Körpers annimmt, um dann in diesem Körper eine bestimmte Lernerfahrung zu machen. Wir sind also niemals an der falschen Stelle, wir sind genau da, wo wir sein wollten.

Aber gehen wir nun zurück zu den eingangs dieses Kapitels gestellten Fragen: Was denken Sie spontan beim Begriff . . . ?

„Islam“: Wenn Sie als Moslem erzogen wurden, werden Ihre spontanen Gedanken zum Begriff „Islam“ sicher anders sein, als wenn Sie als Christ, Buddhist oder Hindu erzogen wurden. Sie reagieren in einer bestimmten erlernten Sichtweise, empfinden vielleicht sogar so etwas wie Hass gegen alle sogenannten Ungläubigen, vor allem, wenn diese Ungläubigen Ihren geliebten Propheten Mohammed in Karikaturen verunglimpfen.

Wurden Sie in einer anderen religiösen Sichtweise erzogen, denken Sie beim Stichwort Islam vielleicht an Gefahr, an Terrorismus, vermummte Frauen, den Angriff auf die Türme des World-Trade-

Center in New York usw. Sie können gar nicht anders, als in der jeweils erlernten Richtung zu denken. Ihre Gedanken sind vorprogrammiert und diese Programmierung ist so etwas wie die Wahrheit für Sie. Sie ist das Fundament Ihres Denkens.

„Polizei“: Bei diesem Begriff hängen Ihre spontanen Gedanken sicher davon ab, ob Sie aus Ihrer Sicht positive oder negative Erfahrungen mit dieser Einrichtung gemacht haben. Ob sie bereits in Ihrer Ursprungsfamilie als Freund und Helfer oder eher als das genaue Gegenteil empfunden wurde. Polizei als etwas Bedrohendes oder als etwas Schützendes?

Ich erschrecke zum Beispiel jedes Mal, wenn ich mit meinem Auto in Österreich unterwegs bin und eine österreichische Polizeiuniform sehe. Die Grenze zu Österreich liegt nur 9 km von meinem Wohnort entfernt, und Salzburg oder Kufstein sind für mich und meine Frau ebenso normale Einkaufsorte wie Rosenheim oder Traunstein.

Diese Spezis sind in meinem Unterbewusstsein als ganz besonders hinterhältig gespeichert. Sie lauern mit Ihren Radarpistolen hinter Hecken und geparkten Autos und strahlen eine sichtbare innere Befriedigung aus, wenn sie wieder einmal jemandem eine Geldbuße aus der Tasche ziehen können. Es mögen privat ganz nette Menschen sein, aber in Uniform werden sie zu meinen Feinden.

Bei der Einfahrt ins Stubaital hat man Pappkameraden in Polizeiuniform aufgestellt und ich erschrecke jedes Mal, wenn ich diese Pappkameraden sehe, obwohl ich doch weiß, dass es nur Pappschilder sind, und das zeigt eine weitere Besonderheit unseres Unterbewusstseins.

Die Aufzeichnungen
unseres Unterbewusstseins sind immer
wirksamer als unsere
verstandesmäßigen Erkenntnisse.

Wir können noch so sehr analysieren, erkennen und uns bestimmte Verhaltensweisen vornehmen. In entsprechenden Situationen denken und handeln wir immer gemäß unseren Programmierungen und nicht gemäß unseren verstandesmäßigen Erkenntnissen.

„Liebe“: Prüfen Sie sich doch einmal selbst! Was sind Ihre ersten spontanen Gedanken? Schön wär´s ja, aber . . . , oder wie meine Mutter es mir beigebracht hatte: „Liebe gibt es nicht, so was ist Quatsch“. Oder denken Sie etwa an göttliche Liebe, käufliche Liebe, wahre Liebe, Tierliebe, Liebesspiele oder verschmähte Liebe? Was auch immer Ihre erste Reaktion ist, was auch immer ihr erster Gedanke ist, es sagt etwas über Ihre persönlichen Konditionierungen, es sagt etwas über die Speicherungen Ihres Unterbewusstseins zu eben diesem Thema.

„Unfall“: Ein Wort, dass wir täglich hören, wenn wir den Verkehrsfunk eingeschaltet haben. Es wäre also nicht verwunderlich, wenn Sie dieses Wort sofort mit dem Straßenverkehr verbinden. Ganz andere Assoziationen wird dieses Wort aber bei Ihnen hervorrufen, wenn Sie zum Beispiel einen Arbeitsunfall, Sportunfall oder sonstigen Unfall hatten. Bei jedem Stichwort fällt in Ihrem Unterbewusstsein automatisch eine Klappe und gibt ein bestimmtes Feld frei.

So ist es zu erklären, dass zwei Menschen beim gleichen Thema ganz unterschiedlich reagieren und dann ihre gegenseitigen Reaktionen nicht verstehen können. „Was hat der oder die denn, ich hab doch gar nichts gesagt?“ Ja, Sie können der ehrlichen Ansicht sein, gar nichts gesagt zu haben, aber für Ihr Gegenüber haben Sie etwas gesagt, was bei ihm etwas ausgelöst hat, an dem Sie - mangels gleicher Programmierung - nicht teilnehmen können. Unverständnis auf beiden Seiten.

„FC Bayern“: Sind Sie Fußballfan, haben Sie natürlich sofort entsprechende Gedanken und Meinungen, positiver oder negativer Art. Für den einen sind es Großkotze, und man freut sich diebisch, wenn sie eines auf die Nase bekommen. Für den anderen sind sie das Aushängeschild des deutschen Fußballs, auf das sie stolz sind.

In München fragen sich die Kinder bereits in der Schule gegenseitig, ob sie Bayern oder Sechziger, Rote oder Blaue sind. Der TSV 1860 München ist die innerstädtische Konkurrenz des FC Bayern München. Also schon hier findet eine Polarisierung statt, schon hier wird in Freund und Feind gedacht, in zugehörig oder nicht zugehörig, in Blau oder Rot.

„Wäsche“: Ein relativ neutrales Wort und trotzdem kann es recht unterschiedliche Assoziationen hervorrufen. Für eine Hausfrau wird das Thema Wäsche sicher mit Arbeit assoziiert - waschen, sortieren in bunt und weiß, dreißig oder sechzig Grad, trocknen, bügeln, einräumen usw. Andere wiederum werden den Begriff vielleicht mit dem Ausdruck „jemandem an die Wäsche gehen“ assoziieren. Sind Sie Besitzer/in eines Waschsalons, ist Wäsche für Sie so etwas wie Ihr täglich Brot. In jedem Fall fällt eine bestimmte Klappe, und diese Klappe bestimmt immer und ausschließlich zunächst einmal die Richtung Ihres Denkens. Glauben Sie mir, Sie können gar nicht anders!

Allerdings haben Sie die Freiheit, die zunächst einmal automatisch eingeschlagene Denkrichtung in Frage zu stellen. Sie sind diesen Denkautomatismen nicht für den Rest Ihres Lebens ausgeliefert.

Sie können die Richtung Ihres Denkens durch Bewusstmachung in Frage stellen und dann auch verändern.

Sie stellen sich damit keineswegs selbst in Frage. Es waren ja nicht Sie, die diese Programmierungen freiwillig ausgewählt haben, sie wurde Ihnen im Laufe der Zeit beigebracht. Sie haben sich mit etwas identifiziert, das gar nicht von Ihnen selbst stammt.

Eine solch kritische Analyse und Betrachtung ist nicht leicht. Sie müssten ja dabei Ihre gewachsenen Wahrheiten in Frage stellen und auch das genaue Gegenteil für möglich halten. Sie müssten zu einem anderen Bewusstsein kommen. Sie müssten über den Dingen stehen, statt darin zu stecken. Sie müssten zu einer anderen Ich-Identifikation kommen, und dabei hilft Ihnen wiederum die am Anfang dieses Buches beschriebene Zweiteilung des Menschen. Sie ist als nicht nur gegen uns, sie ist gleichzeitig unsere große Chance.

Ist mein Ich das, was gerade diesen Gedanken denkt, oder ist mein Ich das, was dieses Denken beobachtet?

Wer oder was ist ICH, wenn Sie ICH sagen?

Assoziieren Sie dieses Ich mit Ihrer begrenzten körperlichen Erscheinung, Ihren Personalien sozusagen, oder sehen Sie Ihr ICH in dem unbegrenzten geistigen Wesen, das diesen Körper bewohnt, und ihn lebendig macht?

Wenn Sie schon andere Bücher von mir gelesen haben, wissen Sie, dass dies eine ganz entscheidende Rolle in meiner therapeutischen Arbeit spielt. Es ist so etwas wie Grundwerkzeug, ein Schraubenzieher, ohne den Sie keine festsitzende Schraube lösen können. Sie können natürlich mit dem Fingernagel versuchen, die festsitzende Schraube zu lösen, aber dann würden Sie sich den Fingernagel höchstens abbrechen.

Ich bin überzeugt, dass die Polarität dieser Schöpfung, die auch im Menschen verankert ist, mit der Zeit dazu führt, dass wir uns von einem zur Zeit relativ begrenzten und materiell geprägten Denken und Handeln immer mehr auf den Gegenpol der unbegrenzten geistigen Ebene bewegen werden. Zweifellos ein langer Weg, der da noch vor uns liegt.

Wir werden mit der Zeit zu einem
ganz anderen Wertesystem kommen.
Wir werden zu einem ganz anderen
Bewusstsein kommen.

Keine Eile! Es ist ein Prozess, der im langsamen, aber stetigen Rhythmus der Schöpfung abläuft. Wir tun gut daran, diesen Rhythmus mitzugehen und uns nicht dagegenzustemmen. Wir würden rechts und links überholt und irgendwann hinweggespült werden.

12

So, wie wir *unser* Denken ändern, ändert sich auch *unser* Leben. So, wie sich *unser* Leben ändert, ändert sich auch *unsere* Welt.

Die oft gehörte Meinung, dass der einzelne Mensch ja leider nicht viel ausrichten kann, ist absolut falsch. Jesus, Buddha, Gandi, Napoleon, Stalin, Hitler usw. waren einzelne Menschen und sie haben eine ganze Menge ausgerichtet bzw. angerichtet.

Sie alle haben in der Menschheit etwas verändert – zum Guten wie zum Bösen. Dabei wären wir wieder beim Gesetz der Polarität. Ich kann eine Seite der Polarität nicht verändern, ohne damit auch die andere Seite zu berühren.

So, wie jedes einzelne menschliche Leben mit einer Lebens-Lernaufgabe verbunden ist, so ist auch die gesamte Menschheit mit einer solchen Aufgabe verbunden. Nichts geschieht dabei zufällig, im Größten wie im Kleinsten.

Jeder Weg und auch jede Wegänderung beginnt immer mit dem ersten Schritt. Wenn ich in Bezug auf die Menschheit gesagt habe, dass eine solche Änderung „mit der Zeit“ erfolgen wird, dann ist dies natürlich in einem recht großen Zeitrahmen zu sehen. Der Mensch ist ja noch relativ jung auf dieser Erde und ein paar hundert oder gar tausend Jahre bedeuten da nicht sehr viel. Wir haben also Zeit.

Ich halte es sogar für möglich, dass sich die Menschheit auf Ihrem Weg einmal durch hausgemachte Katastrophen halbiert oder vielleicht sogar noch mehr reduziert, um dann wieder in einem neuen Bewusstsein zu starten.

Ich bin mir sicher,
dass die Menschheit den Wandel
von der Herrschaft der Materie
zur Herrschaft des Geistes zu vollziehen hat.

Unser Wertesystem wird sich zwangsläufig verändern müssen. Das vielzitierte Wachstum wird sich nicht in der Wirtschaft (wo soll die denn noch hinwachsen?), sondern auf der geistigen Ebene abspielen. Wir werden uns unserer geistigen Schöpferkraft bewusst werden müssen und lernen, sie auch bewusst anzuwenden. Geist steht über Materie. Die Schöpfung ist geistig.

So, wie wir im Leben eines einzelnen Menschen oft als hart und sogar brutal erscheinende Wegkorrekturen feststellen können, so wird auch der Weg der gesamten Menschheit, wenn nötig, korrigiert werden. Die geistigen Gesetze gelten immer und überall – im Größten wie im Kleinsten.

Haben Sie etwa Angst davor? Warum? Machen Sie sich bewusst, dass Sie ein unbegrenztes geistiges Wesen sind, dass Sie eine Manifestation der allumfassenden göttlich-geistigen Urquelle sind und immer wieder in diese Urquelle zurückfallen werden. Diese Ursubstanz kann nicht vergehen, sie kann sich nur immer wieder neu manifestieren.

Wir Menschen sind eine Manifestation
dieser Ursubstanz.

Wir sind und bleiben so etwas wie ein Tropfen aus der allumfassenden geistig-göttlichen Quelle, gleichgültig, ob dieser Tropfen zeitweilig verdunstet, als Luftfeuchtigkeit aufsteigt und dann als Regen wieder auf die Erde zurückfällt. Welche Form er auch immer annimmt, welchen Kreislauf er auch immer durchläuft, er wird immer wieder in die Urquelle zurückfallen.

Wir stehen nicht hier
und Gott steht da.
Wir sind in Gott.

Ihr begrenztes kleines Ego-Ich wird natürlich trotzdem Angst haben. Zu Recht, denn genau dieses Ego wird nicht überleben. Unser Ego existiert lediglich auf der begrenzten Ebene unseres Seins – zwischen Zeugung und Tod.

Helfen Sie diesem begrenzten Ego, haben Sie Verständnis für seine Ängste! Sie, das unbegrenzte geistige Wesen, sind der Chef in diesem Körper. Zumindest sollten Sie es sein!

Sie, das unbegrenzte geistige ICH BIN, sollten über Ihr Denken, Handeln und Fühlen bestimmen. Sie sind kein machtloses Opfer, das irgendwelchen Mächten, Schicksalen oder gar Göttern ausgeliefert ist.

Sie bestimmen durch Ihre geistige
Schöpferkraft Ihr Leben.

Das einzige Problem dabei ist, dass Sie Ihre geistige Schöpferkraft meist gegen sich statt für sich anwenden, ja, dass Sie sich Ihrer geistigen Schöpferkraft nicht einmal bewusst sind. Aber das ist nicht das Thema dieses Buches. Ich habe mich mit der Thematik geistiger Ursachensetzungen schon in anderen Büchern ausführlich beschäftigt.

Ich möchte Ihnen aus meiner Praxis trotzdem noch ein weiteres Beispiel festgefahrener Denk- und Verhaltensstrukturen nahebringen, denn ich denke und hoffe, dass solche Beispiele das theoretisch Gesagte etwas verständlicher machen.

Eine sechsundfünzigjährige Dame aus der Bodenseeregion hatte eine Einzel-Intensivwoche bei mir gebucht, weil sie von Ängsten aller Art geplagt wurde und in einer damit einhergehenden Antriebs- und Lustlosigkeit nicht nur ihr kleines Geschäft, sondern auch ihre eigene Wohnung und auch sich selbst vernachlässigte. Das Geschäft ging bergab, der finanzielle Ruin nahte, Freunde hatten sich von ihr getrennt und auch ihr eigener Körper war durch allzu viel äußerliche Versüßungen etwas aus den Fugen geraten.

In einer ersten Analyse konnte ich dann schon sehr bald die tiefe Wurzel ihrer Problematik erkennen. Sie war ein Mensch, der ohne jede Nähe und ohne jedes Urvertrauen aufgewachsen war, und sie hatte sich schon frühzeitig Verhaltensmuster zugelegt, mit denen sie doch noch so etwas wie Liebe und Zuneigung erhaschen wollte.

Wir haben bereits einen ähnlichen Fall besprochen, aber die darin aufgezeigte Grundproblematik zeigt sich in meiner Arbeit so häufig, dass wir das in einer anderen Variation ruhig noch einmal vertiefen können. Sie war mehr eine Reflektion ihres Umfeldes, als dass man von einer eigenen Persönlichkeit sprechen konnte. Sie war angepasst, freundlich und hilfsbereit.

Seht her, man kann mich doch lieb haben – ich tue doch alles, was ich kann! Ehrlich, freundlich, pünktlich, hilfsbereit und immer ein offenes Ohr für die Probleme anderer. So wurde sie mit der Zeit zur Kummertante, bei der jeder seine Probleme abladen konnte. Nur selbst konnte sie sich nicht helfen und lief energetisch immer mehr aus.

Jeder Zweifel an ihr, jede Kritik oder gar die Äußerung eines Unverständnisses trafen sie tief in ihrem Innersten und waren durchaus geeignet, sie aus der Bahn zu werfen. Was habe ich denn falsch gemacht – was hat denn der oder die gegen mich?

Bei der Aufrechterhaltung eines Lebensmodells, das von der dauernden Außenbestätigung abhängig ist, gibt es kaum einen Moment der Ruhe, Zufriedenheit und des Sichfallenlassens. Dies ist dann in der Tat sehr kraft- und energieaufwendig. Es führt zwangsläufig spätestens dann zur Krise, wenn der Kraft- und Energiehaushalt des Menschen altersbedingt abnimmt.

Ein solcher Mensch kann keine Sekunde loslassen, muss alles und jedes im Griff behalten, alles sofort hinterfragen, analysieren und auf versteckte Angriffe oder auch Vorwürfe untersuchen. Ein solcher Mensch liegt immer auf der Lauer. Selbst ein Lob löst bei ihm zunächst einmal Warnsignale statt Befriedigung oder Zustimmung aus: *„Was will der oder die denn eigentlich, warum sagt jemand so etwas, was führt der oder die in Wahrheit im Schilde?"*

So, wie solche Menschen sich selbst ohne sichtbar erbrachte Leistung nicht mögen und anerkennen können, so kommt es in ihrer Vorstellung auch nicht vor, dass jemand anders sie ganz ohne Gegenleistung einfach nur mögen oder annehmen könnte. Ein lebenslanges Defizit und eine besonders destruktive Art von tiefer Armut!

Wenn ich dieser Dame etwas erklärte, wenn ich versuchte, ihr Zusammenhänge deutlich zu machen und ihr die Fehler in ihren Verhaltensmustern aufzuzeigen, konnte ich ihr ansehen, wie ihr Verstand, schon während ich noch sprach, bereits nach den entsprechenden Gegenargumenten und Rechtfertigungen suchte, die dann auch prompt aus ihr herausschossen.

Sie war nicht in der Lage, einfach etwas so stehen zu lassen oder das Gesagte gar zu verinnerlichen. Sie war mit der Zeit zu einer Kampfmaschine geworden, die nur eines kannte - abwehren, kämpfen, überleben ...

Aber sie war doch zu mir gekommen, um genau daran etwas zu ändern. Sie hatte ja in ihrem täglichen Leben feststellen müssen, dass es so nicht weiterging. Aber ihre eingefahrenen Strukturen waren so übermächtig, dass sie einfach nicht anders konnte. *Sie wollte, aber sie konnte nicht. Ihre gespeicherten Programme waren stärker.*

Mit dem Verstand hatte sie schon vieles erkannt, aber in der Auseinandersetzung zwischen ihrer verstandesmäßigen Erkenntnis und ihren im Unterbewusstsein fest verankerten Denk- und Verhaltensstrukturen erwiesen sich diese Strukturen immer als stärker.

Es ist zwar alles nur
Kampf und Krampf,
aber darin kenne
ich mich wenigstens aus.

Als ich dann am dritten Tag der Woche eine Tiefenentspannung mit ihr durchführen wollte, um die Voraussetzung zum Erreichen ihrer unbewussten Ebene zu schaffen, lehnte sie dies entschieden ab, weil sie Angst hatte, dabei die Kontrolle zu verlieren und nicht mehr alles im Griff zu haben.

Dabei wäre gerade dies - im geschützten Umfeld einer Therapie - eine enorm wichtige Erfahrung für sie gewesen, denn aus dieser Angst vor Kontrollverlust heraus konnte sie z.B. kein Flugzeug besteigen, keinen Aufzug benutzen oder sonst etwas tun, was sie nicht selbst in der Hand behalten konnte. Ihre größte Angst war es, einmal bei einer Operation eine Narkose zu bekommen. Lieber würde sie sich nicht operieren lassen.

Ich habe sie dann mit der wunderbaren Möglichkeit, sich auch ohne Narkose operieren zu lassen, konfrontiert. Sie müsse halt nur den richtigen Operateur finden, was bei einigen Naturvölkern sicher auch heute noch keine Schwierigkeit bereiten würde.

Wir haben dann diese Intensiv-Woche in beiderseitigem Einverständnis nach drei Tagen abgebrochen, was sie dann damit rechtfertigte, dass die Chemie zwischen uns einfach nicht stimme.

Es war allerdings nicht die Chemie, die zwischen uns nicht stimmte, es war wohl eher der falsche Zeitpunkt, an dem wir uns begegneten. Sie war noch nicht reif, sie war noch nicht genügend weich gekocht, sie lag noch nicht heftig genug auf der Nase. Ihr Ego hatte sie noch zu fest im Griff und kämpfte mit allen Mitteln ums Überleben.

Ich weiß, mancher Leser und manche Leserin werden entsetzt sein, so etwas zu lesen, aber leider ist es tatsächlich so, dass einige Menschen offensichtlich erst durch das tiefstmögliche Loch kriechen müssen, um dann auf der anderen Seite wieder mühsam herauszukrabbeln. Einige bleiben dabei auch im Loch stecken. Kein größeres Problem. Sie bekommen die gleiche unerledigte Lernaufgabe noch einmal vorgesetzt. Ich denke, wir sollten unsere Hausaufgaben aber lieber jetzt erledigen.

Leider zwingt erst der totale Konkurs des alten Lebenssystems manche Menschen zur notwendigen Korrektur. Bis dahin werden alle noch vorhandenen Reserven in die Aufrechterhaltung der längst maroden Firma „Ich" investiert. Schade, ein Kurswechsel wäre zu einem Zeitpunkt, an dem noch genügend Reserven vorhanden sind, natürlich sehr viel leichter zu vollziehen.

Also, wenn Sie erkennen, dass in Ihrem Leben etwas nicht optimal läuft, wenn Sie erkennen müssen, dass auf vielen Ebenen die Verlustsituationen die Gewinnsituationen übersteigen, wenn Sie feststellen müssen, dass die Balance zwischen Geben und Nehmen nicht mehr stimmt, sollten Sie eine Neuausrichtung anstreben und nicht erst dann, wenn nichts mehr geht.

13

Was Sie selbst sofort tun können

Nun, zunächst einmal sollten Sie mit dem Training beginnen, mit dem ich Sie in diesem Buch bekannt gemacht habe. Sie müssen Ihren Gedankenapparat zunächst einmal etwas beruhigen und disziplinieren. Sie müssen Ihre Hausherrenschaft zunächst einmal auf dieser Ebene anmelden und festigen, erst dann sollten Sie weitergehen.

Solange das Leben Sie in der Hand hat und nicht umgekehrt Sie das Leben in der Hand haben, geschieht alles mit Ihnen. Sie sind wie ein Schiff ohne Kapitän. Sie müssen das Ruder in die Hand nehmen und den Kurs bestimmen.

Werden Sie sich zunächst der beiden unterschiedlichen Ebenen Ihres Seins voll bewusst und identifizieren Sie dabei ihr ICH ausschließlich mit der unbegrenzten geistig-göttlichen Ebene.

Ihr Körper ist in dieser Zweiteilung so etwas wie eine Figur, die Sie in einem recht kurzen Theaterstück spielen. Mit dieser Figur stehen Sie auf der Bühne des Lebens – Ihres jetzigen Lebens!

Durch diese Figur handeln Sie, durch diese Figur werden Sie wahrgenommen, durch diese Figur erleben Sie, durch diese Figur sammeln Sie Ihre Erfahrungen und durch diese Figur bekommen Sie, das unbegrenzte geistige Wesen, die Chance der Weiterentwicklung in der geistigen Hierarchie.

Ja, Sie haben richtig gelesen. Auch auf der unbegrenzten geistigen Ebene gibt es so etwas wie eine Hierarchie. Es gibt sehr hochentwickelte geistige Wesen und Wesen, die noch relativ unerfahren am Anfang ihres Durchlaufs auf dieser Erde stehen.

Die Schöpfung Erde
ist wie ein Schulsystem,
in dem wir den Umgang mit unserer
geistigen Schöpferkraft
zu erlernen haben.

Ich habe sie deshalb einmal als die „Schöpferschule Erde" bezeichnet. Mit jeder Rolle, die wir hier spielen, sammeln wir Erfahrungen. Mit jeder Rolle, die wir hier spielen, entwickeln wir uns weiter, mit jeder Rolle werden wir zu einem bessern, weiseren und kompetenteren Darsteller.

Wir beginnen unseren Weg auf irgendeiner Provinzbühne und beschließen ihn dann vielleicht als Hauptdarsteller an der Mailänder Scala, wenn wir einen solchen Vergleich einmal gelten lassen wollen. Aber welche Rolle wir auch immer spielen, egal, in welche Oper wir gerade involviert sind, es ist immer nur eine Rolle, die wir spielen. Wir sind nicht diese Rolle.

Wir sind weder Hamlet noch der sterbende Schwan, noch Mutter Theresa (die Jüngere) oder sonst irgendetwas oder jemand. Wir sind und bleiben immer das unbegrenzte geistige Wesen, das in seiner augenblicklichen Rolle eine bestimmte Lernerfahrung macht, die es vorher ganz bewusst angenommen hat.

Wir sind in jedem Fall an der richtigen Stelle. Wir werden weder überfordert noch unterfordert. Reklamationen sinnlos!

So, wie ein Schauspieler nach seinem Bühnenauftritt wieder nach Hause geht, so werden auch wir wieder nach Hause gehen. Vielleicht essen wir zwischendurch noch irgendwo schnell eine Pizza, das ändert nichts am System. Wir haben Zeit!

Es wäre enorm wichtig für Sie, zum Zuschauer der eigenen Komödie zu werden. Wenn Sie es schaffen, von außen auf die täglich ablaufende Oper zu schauen, in die Sie gerade involviert sind. Wenn Sie Ihr eigenes Rollenspiel kritisch betrachten und hinterfragen, bekommen Sie den entscheidenden Schlüssel in die Hand.

Bin ich das wirklich? Will ich das wirklich oder tue ich das nur, weil man . . . ? Dieses „man" beherrscht das Leben der meisten Menschen und bestimmt ihr Denken und Handeln in allen Bereichen.

„Man" kann doch nicht, „man" muss doch, „man" sollte doch, „man" weiß doch, „man" will doch auch, „man" müsste doch usw. Sie kleiden sich, wie „man" sich kleidet, sie essen, was „man" isst, sie gehen hin, wo „man" hingeht, und natürlich niemals dorthin, wo „man" nicht hingeht. „Man" kann auch wirklich nichts über sie sagen, denn sie waren ja immer, wie „man" dachte, dass sie sein sollten. Sie lebten, ohne jemals wirklich selbst existiert zu haben. Sie waren nichts als ein Abklatsch der Vorstellungen ihres Umfeldes.

Machen Sie sich bewusst, dass Sie
nicht „man" sind.

Sie haben das Recht, Ihren eigenen Weg zu gehen, ja, Sie müssen Ihren eigenen Weg gehen. Nur auf Ihrem eigenen Weg können Sie die Lernerfahrung machen, zu der Sie sich in die Schöpfer-Schule Erde eingeschult haben, und selbst wenn „man" dann manchmal nicht versteht, wie „man" so sein kann, wie Sie dann sind. Sie können – garantiert!

Ob das dann jemand versteht oder nicht versteht, ist allein dessen Problem. Kümmern Sie sich nicht darum.

Es wird Ihnen niemals gelingen, es allen recht zu machen, das ist selbst Jesus nicht gelungen. Versuchen können Sie es natürlich trotzdem. Gehen Sie den weitaus effektiveren Weg. Machen Sie es sich selbst recht. Aber dazu müssten Sie zunächst einmal alle „mans" abstreifen und das eigene Denken und Handeln einer kritischen Überprüfung unterziehen.

Abstand nehmen und draufschauen

Es ist ein Bewusstwerdungsprozess, den Sie vor sich haben, und das einzige, was Ihnen dabei im Wege steht, ist Ihr antrainiertes und ankonditioniertes Rollenspiel. Wenn Sie sich mit dieser Rolle identifizieren, stecken Sie fest.

Es ist allerdings nicht leicht, dieses Rollenspiel zu verlassen und neue Maßstäbe zu setzen. In Ihrem Unterbewusstsein löst so etwas sofort alle Alarmsignale aus. Das Archiv Ihres Unterbewusstseins besteht lediglich aus seinen Aufzeichnungen von Ihrer Zeugung bis jetzt. Auf der Grundlage dieser Erfahrungen hat Ihr Unterbewusstsein eine Überlebensstrategie entwickelt, mit der Sie einigermaßen zurechtkommen. Auf der Basis dieses begrenzten Archivs arbeitet auch Ihr Verstand.

Wenn Sie nun ein neues Verhalten entwickeln, zu dem Ihr Unterbewusstsein keine Erfahrungswerte hat, wird dies als höchst gefährlich eingestuft und mit allen Mitteln blockiert. Auch wenn Sie dies vielleicht schon in anderen Büchern von mir gelesen haben, muss ich es noch einmal wiederholen.

Ein Paradigmenwechsel
ist immer nur in kleinen, für Ihr

Unterbewusstsein gerade noch mitgehbaren Schritten möglich.

Wählen Sie die Schritte zu groß, fallen Sie auf die Nase. Ihr Unterbewusstsein zieht alle Register, um Sie vor der vermeintlichen Gefahr zu schützen. Notfalls zieht es Sie über körperliche Symptome gänzlich aus dem Verkehr.

Ich erlebe immer wieder, dass Menschen etwas erkannt haben, dann losstürmen und es sofort und auf der Stelle ändern wollen. Sie bekämpfen das Alte, und Kämpfen ist immer und überall der falsche Weg. Kampf ist Krampf.

Sie können Ihren eigenen Weg nur behutsam, liebevoll und verständnisvoll gehen. Sie können den bisherigen Aufzeichnungen Ihres Unterbewusstseins nur schrittweise und behutsam neue und vom alten Verhalten etwas abweichende Erfahrungen hinzufügen, die dann mit der Zeit mächtiger werden als die alten Aufzeichnungen. Das ist der sichere Weg.

Und so seltsam es auch klingen mag, dieser langsame, behutsame und verständnisvolle Weg führt Sie am Ende schneller zum Ziel, als wenn Sie losstürmen und den Kampf ausrufen.

Die Aufzeichnungen Ihres Unterbewusstseins sind in Ihrer gesamten Lebensspanne von Ihrer Zeugung bis jetzt entstanden. Wenn Sie nun durch bewusste tägliche Arbeit – Schritt für Schritt – neue und abweichende Aufzeichnungen hinzufügen, können Sie in der kurzen Zeitspanne eines halben bis dreiviertel Jahres ganz elementare Änderungen bewirken. Also, ein wenig Geduld braucht es schon. Sie sind ja keine Eintagsfliege – Sie haben genügend Zeit.

Die Zeit ist in dieser Schöpfung das am gerechtesten verteilte Gut. Sie können sich darüber beklagen, dass andere reicher, schöner, gebildeter, größer oder was auch immer sind, aber über die Zeit können Sie sich nicht beklagen.

Jeder Mensch hat jeden Tag
exakt vierundzwanzig Stunden
zur Verfügung.

Oder kennen Sie jemanden, der weniger oder mehr hat? Und trotzdem hört man immer wieder die Lüge, dass jemand keine Zeit hat. Ja, was hat er denn damit gemacht? Wo ist sie denn hingekommen? Er hatte sie doch!

Matt Galan Abend

Privatpraxis für neue Psychologie,
Psychotherapie und ganzheitliche Lebensheilung.
Individuelles Coaching

Galan-Master-Training
„der Weg zur Meisterschaft des Lebens"

Einzelbetreuung in allen beruflichen
und privaten Problemstellungen.
Einzel-Intensivwochen

\- - - - - - - - - - - - - - - - -

Ihre Kontaktmöglichkeit zum Autor:
email: galanmaster1@t-online.de
Homepage: www.galan-master-training.de

Weitere Bücher aus dem Verlag Via Nova:

Das eigene Leben erfolgreich managen
Wie Sie dabei ein Burnout vermeiden / Matt Galan Abend

Hardcover, 160 Seiten, ISBN 978-3-86616-231-0

Der Psychotherapeut und Erfolgs-Coach M.G. Abend sieht in den positiv ausgestrahlten Persönlichkeitsmerkmalen, wie Selbstvertrauen, innere Sicherheit und Gelassenheit, die Voraussetzungen für jeglichen Erfolg im Leben. Wer sich selbst erfolgreich managt, kann auch andere Aufgaben erfolgreich bewältigen, sei es die Familie, den Betrieb oder Konzern, eine Partei oder einen Verein. Bestimmte Gesetzmäßigkeiten gelten immer und überall, im Größten wie im Kleinsten. In diesem klar strukturierten und gut verständlichen Buch erhalten der Leser, die Leserin viele wertvolle Anregungen, ihre Lebens- und Lernaufgaben zu erkennen, zu bearbeiten und zu lösen. Und das Erstaunliche ist, dass der Autor mit seinen Patienten erfahren hat, dass auf diese Weise jeder Burnout vermieden wird.

Räum dein Leben auf!
100 % mehr Lebensfreude / Matt Galan Abend

3. Auflage

Hardcover, 144 Seiten, 41 z.T. ganzseitige Zeichnungen, ISBN 978-3-86616-060-6

Der Mensch ist eingeschlossen in ein Gefängnis aus Konditionierungen, wie „man" zu sein hat, was „man" tut, was „man" von ihm erwartet, was „man" von ihm denkt usw. Der Mensch „kämpft" um alles und jedes, um sein Ansehen, um sein Geld, um seine Gesundheit, seine Sicherheit, seinen Arbeitsplatz oder was auch immer. Leichtigkeit, Lebenslust und Lebensfreude bleiben dabei meist auf der Strecke. Wenn wir gründlich Hausputz halten, wenn wir uns aus dem Dickicht unserer Konditionierungen befreien, wenn wir endlich aufräumen und das berühmte „Man" aus unserem Leben verbannen, wenn wir die Sorge darum verlieren, wie andere über uns denken, wenn wir die Angst überwinden, unseren Partner, unseren Job oder gar unser Geld zu verlieren, wenn wir den Maßstab in uns selbst und nicht im Außen finden, kann dies so etwas wie unsere zweite Geburt sein. Aber diese Änderung kann immer nur von innen nach außen, und niemals von außen nach innen erfolgen. Die vielen künstlerischen Zeichnungen von Annette Kramer unterstützen die eindringlichen Aussagen des Buches.

Im Urvertrauen leben
Loslassen, fallen lassen, gelassen sein / Matt Galan Abend

Hardcover, 176 Seiten, ISBN 978-3-86616-199-3

Viele Menschen leben heute mehr im „Urmisstrauen" als im Urvertrauen: Geprägt durch Erfahrungen der Kindheit und ihres täglichen „Lebenskampfes" misstrauen sie oft allem und jedem – natürlich auch sich selbst. Sie wollen alles beobachten, alles kontrollieren, alle Fäden in der Hand behalten und wittern überall Angriff und Gefahr. Das verbraucht Ihre Energie, und Sie erfahren immer mehr Ihre Begrenzung und Ihren Mangel statt die Fülle der Schöpfung. Dieses Buch zeigt den Weg, wie wir auch noch als Erwachsene die essentiell wichtige Basis des Urvertrauens aufbauen können, wie wir lernen, unsere Lebensaufgabe zu erkennen, anzunehmen und zu lösen, kreativ-spielerisch zu gestalten, statt zu kämpfen, uns unserer wahren Schöpferkraft bewusst zu werden und die geistigen Gesetze der Schöpfung für uns, statt gegen uns wirken zu lassen.

Ich will leben statt gelebt zu werden

Ein Weg zur inneren und äußeren Freiheit

Matt Galan Abend

Hardcover, 144 Seiten, ISBN 978-3-86616-189-4

Ist das wirklich mein Leben, das ich hier und jetzt lebe? Wie kann ich frei werden von dem, was „man" denkt und tut, und mich und mein Leben aus meinem innersten Wesenskern heraus selbst bestimmen? Der Psychotherapeut M.G. Abend ermuntert den Leser, sich diesen Fragen zu stellen, sich und seine Lebensumstände zu analysieren, die Bedürfnisse seines „wahren Ichs", seiner Seele als innerer Beobachter, die Lernaufgabe und den Sinn des eigenen Lebens zu erkennen und sich selbst zu vertrauen. Dieses Buch hilft, besonders auch durch entsprechende Methoden und Beispiele, sich von inneren und äußeren Belastungen („Energiefresser") zu lösen, die eigenen Lebensverhältnisse zu verbessern, frei zu werden und mehr Lebensfreude zu empfinden.

Der Mensch ist mehr als sein Gehirn

Hirnforschung und Geistesfreiheit

Manfred Stöhr

Paperback, 256 Seiten, ISBN 978-3-86616-238-9

Endlich ein kritisches Wort eines kompetenten Wissenschaftlers zur modernen Gehirnforschung! Der Neurologe, Psychiater und Universitätslehrer Prof. Stöhr hat als Fachmann die Forschungsergebnisse vieler Gehirnforscher unserer Zeit und deren wissenschaftliche Aussagen mit den entsprechenden Folgen für den Menschen und sein ethisches Verhalten überprüft. Er kommt zu dem Ergebnis, dass die Gehirnforschung zwar Analyse stofflicher Vorgänge im Gehirn und dessen Funktionen in bestimmten Gehirnbereichen vornehmen kann. Aber Aussagen über die Natur des Menschen, über Erziehung, Recht und Moral seien wissenschaftlich nicht begründbar und überschritten die Kompetenz der Hirnforscher. Der Autor wendet sich besonders gegen die Auffassung eines damit verbundenen reduktionistischen Menschenbildes. Er macht deutlich, dass viele Aussagen einer Neuauflage des materialistischen Dogmas von der Alleinexistenz der Materie entspringen, das die ganzheitliche Wirklichkeit des Menschen nicht zu begreifen vermag.

Ruheloser Geist trifft Achtsamkeit

Aus der Zeit in den Moment

Matthias Dhammavaro Jordan

Taschenbuch, 160 Seiten, ISBN 978-3-86616-252-5

Einfachheit und Tiefe sind die Qualitäten dieses Buches. Der ehemalige buddhistische Mönch spricht aus eigener Erfahrung, verständlich, unterhaltsam, lehrreich, inspirierend und mitten im Leben stehend. Sofort findet der Leser sich selbst wieder und wird behutsam und fundiert an essentielle Weisheiten herangeführt. Vor allem aber zeigt das Buch, sowohl bei den Betrachtungen über die Wirkungsweise des menschlichen Geistes als auch bei den Meditationsanleitungen, wie man durch bewusstes Üben der Achtsamkeit innere Ruhe und Frieden finden und ein entspanntes und erfülltes Leben führen kann. Zeit ist kostbar und dieses Buch zeigt uns den Weg vom Hier ins Jetzt und, wie wir den Reichtum des Augenblicks neu erleben und wertschätzen können.